Mannheim
Deutschland

ANGEKOMMEN

Kleingärten – wo die Welt sich trifft

veteményes kert ▪ khu vườn giao ▪ horta
आवंटन उद्यान ▪ учаскелік бақша ▪ حديقة
التخصيص ▪ orto di riparto ▪ ສວນຈັດສັນ
tahsisli bahçe ▪ የመመደብ የአትክልት ቦታ

Schrebergarten

ogródek działkowy ▪ приусадебный
участок ▪ jardin familial ▪ สวนจัดสรร
parcela vrt ▪ باغ اختصاصی ▪ kopsht ndarje
باغ تخصیص ▪ grădina alocată ▪ vrt za
dodjelu ▪ baxçeyê dabeşkirinê ▪ volkstuin

Fotografie **Sabine Kress** ▪ Text **Kathrin Hentzschel**

Inhalt

Volker Kugel
Gartenexperte und Gärtner aus Leidenschaft

Das deutsche Kleingartenwesen – eine ziemlich spannende Geschichte

Deutschland ist das Land der Kleingärtner: Knapp 1 Million Gartenparzellen soll es geben, die von über 5,5 Millionen Menschen genutzt werden. Laut Statistik hat der deutsche Kleingarten eine durchschnittliche Größe von ca. 400 Quadratmetern.

Soweit die nüchternen Fakten. Doch wie sind diese Kleingärten eigentlich entstanden? Hauptgrund waren die großen sozialen Verwerfungen, die mit der Industrialisierung und Verstädterung der Gesellschaft einhergegangen sind. Anfang des 19. Jahrhunderts zog es die Menschen in die Städte; sie gaben ihr kleinbäuerliches Dasein auf in der Hoffnung auf ein besseres Leben. Aber die Arbeit dort war oft schlecht bezahlt und reichte kaum zum Leben. Die Wohnsituation war meist sehr schlecht, ebenso die Ernährung und die Gesundheit.

Einige wenige Menschen erkannten diese zunehmenden Probleme, und es bildeten sich erste Hilfsinitiativen. Bereits zu Beginn des 19. Jahrhunderts gab es adlige Großgrundbesitzer, die Parzellen an arme Bürger kostenlos verpachteten, um die Ernährungssituation ihrer Familien zu verbessern. Solche „Armengärten" entstanden z. B. in Dresden, Berlin und Frankfurt am Main; bis 1911 gab es über 40.000 so genannte Arbeitergärten in Deutschland, und in der direkten Folge auch Vereinsgründungen, Spielplätze für Kinder und sogar Einkaufsgenossenschaften. Strenge Verhaltensregeln wurden eingeführt – so gab es unter anderem ein Verbot der politischen Betätigung innerhalb der Gartenkolonien.
Gleichzeitig gab es den Schreberverein. Er hatte ursprünglich andere Ziele als die Gründer der Arbeitergärten. Pädagogische und soziale Aspekte standen im Vordergrund: Die Kinder sollten

nach den durchaus umstrittenen Methoden des Mediziners Daniel Gottlob Moritz Schreber (1808 - 1861) erzogen werden. Ein Hauptaspekt war das Spielen im Freien und die Betätigung beim Säen, Pflanzen, Gießen und Ernten. So entstanden an seiner Wirkungsstätte Leipzig allmählich tausende von Gartenparzellen. Weil die Kinder mit der Zeit das Interesse daran verloren, mussten die Eltern einspringen, um die Grundstücke vor der Verwahrlosung zu bewahren. So wurden aus Schrebergärten für die Kinder Kleingärten für alle.

Aber es gab noch eine weitere Strömung, die ebenfalls in die Kleingartenbewegung mündete. Parallel zum Schreberverein gründeten sich so genannte Naturheilvereine mit dem Ziel, die negativen gesundheitlichen Auswirkungen der Industrialisierung und Urbanisierung abzumildern.

Nach dem Ersten Weltkrieg wurde das Gesetz über die „Kleingarten- und Kleinpachtverordnung" von der Nationalversammlung beschlossen und in der Folge 1921 der Reichsbund der Kleingartenvereine Deutschlands gegründet. Es gab also erstmals einen einheitlichen rechtlichen Rahmen und eine Organisationsstruktur für das Kleingartenwesen.

Während der Naziherrschaft war auch das Kleingartenwesen gleichgeschaltet. Eine Rückbesinnung erfolgte erst im Jahr 1949, sowohl in der Bundesrepublik als auch in der DDR.
Nach der deutschen Wiedervereinigung wurde der Bundesverband Deutscher Kle ngartenfreunde gegründet. Im Westen ging mit dem Wirtschaftswunder der 1950er und 60er Jahre die Bedeutung der Kleingärten für die Ernährung und Lebenshaltung drastisch zurück, denn man konnte sich jetzt Obst und Gemüse aus dem Einkaufsladen leisten. Zusätzlich brachte die gesellschaftliche Entwicklung die Kleingartenvereine in Verruf - sie wurden von jungen Menschen als maximal spießig eingeordnet; die scheinbar autoritäre Führungsstruktur mit Verhaltensregeln erschien völlig unzeitgemäß. Viele Kleingartenvereine schotteten sich in der Folge ab, und die Mitgliederschaft überalterte Jahr um Jahr.
Doch in den vergangenen Jahren hat sich der Wind gedreht. Wären vor 25 Jahren junge Ehepaare mit Kindern, die sich für einen Kleingarten interessierten, im Bekanntenkreis ausgelacht worden, ist es heute geradezu hip, sich in sein kleines Gartenparadies zurückziehen zu können.

So wird der Kleingarten wieder zum Rückzugsort - vom stressigen Lebensalltag in der digitalisierten Welt - und selbst angebautes Obst und Gemüse zum erstrebenswerten Gut.

Wer heute eine Kleingartenanlage besucht, wird staunen, welcher Vielfalt an Pflanzen, individueller Gestaltungen und unterschiedlicher Bewohner er begegnet.

Sabine Kress und Kathrin Hentzschel nehmen uns in ihrem Buch „Angekommen - Kleingärten, wo die Welt sich trifft" an die Hand und führen uns hinter die Hecken von 25 Mannheimer Kleingärten. Wir erhalten faszinierende Einblicke in diese kleine Welt mit ihrem großen Spektrum an Kulturen und Menschen.

Gemeinsames Gärtnern verbindet!

Andreas Huben
Geschäftsführer Baumschule Huben

Schrebergärten sind Kulturorte

Für uns Babyboomer hat der Begriff „Schrebergarten" eine ähnliche Bedeutung wie „Mett-Igel" oder „Tennissocken in Sandalen". Ein teutonisches, aus der Zeit gefallenes Phänomen, das seine gesellschaftliche Bedeutung in den 60er und 70er Jahren des letzten Jahrhunderts erlangte und das mit einer modernen Welt kaum noch etwas zu tun hat.

Nach diesem Bild sind Schrebergärten meist kleine, grüne Parzellen auf einem Gelände, mit dem eine Kommune nichts anzufangen weiß. Eingepfercht zwischen Eisenbahndämmen und Schnellstraßen wehen Deutschlandflaggen an überdimensionierten Fahnenmasten. Ein Festival der Klappstühle, Jogginghosen und Feinripp-Unterhemden. Das Geräusch endloser Güterzüge vermischt sich mit dem Geruch von billiger Bratwurst auf Holzkohlengrills, untermalt von leiser Schlagermusik und dem Klang von Benzinrasenmähern.
Es ist eine sorglose deutsche Welt. Ein Refugium des Durchschnitts. Geranien und Mittagsruhe. Gartenlauben und Jägerzäune. Man ist unter sich. Man spricht deutsch. Unendlich weit weg von zu Hause und doch ganz nah. Konflikte um grenzübergriffige Baumäste, nicht zusammengerechtes Laub oder defizitär empfundene Mülltrennung gehören ebenso dazu wie der alles umschließende Maschendrahtzaun.

Aber stimmt dieses Klischee überhaupt noch?

Als Unternehmer und leidenschaftlicher Gartenprofi seh' ich Gärten immer als Zeitzeugen der Gesellschaft. Denn genau wie unsere Lebensumstände ändern sich auch Gärten. Was heute angesagt ist, gilt morgen als überholt und anachronistisch. Doch eines verändert sich über die Zeit nicht: Die Liebe der Menschen zur Natur und ihr Wunsch, diese zu gestalten. Es ist der Wunsch, aus Natur Kultur zu machen!

Die heutige Realität der Schrebergärten sieht völlig anders aus als das oben beschriebene Vorurteil, und das ist eben nicht überraschend. Schrebergärten bilden, damals wie heute, die Gesellschaft ab. Es sind innerstädtische Oasen für Menschen und Familien, die sich z. B. kein Haus mit Garten leisten können. Individuell, bunt, divers und persönlich. In allen Spielarten und allen Varianten: laut und leise, schön und hässlich, engstirnig und offen, italienisch und türkisch, deutsch und russisch, vietnamesisch und rumänisch, geschmackvoll oder spießig, gepflegt oder verwahrlost. Insbesondere für Menschen mit Migrationshintergrund bietet ein Schrebergarten eine Möglichkeit, die Verbindung zur Heimat aufrechtzuerhalten. Über die angebauten Pflanzen, über die Gestaltung, über die Klänge und Gerüche. Schrebergärten sind daher immer auch Kulturorte! Es sind Plätze, an denen kulturelle Identitäten gepflegt und Wurzeln geschlagen werden.

In Sabine Kress' Buch werden Menschen porträtiert, die Schrebergärten zu Kulturorten ihrer Identität gemacht haben. Mit Rezepten, die dieses Kulturverständnis unterstreichen, und Geschichten, die bewegen, anrühren, traurig und fröhlich machen. Als Gärtner und Hobbykoch bewegt und interessiert mich beides.

Sabine Kress und Kathrin Hentzschel erfassen diese Geschichten in Bildern und Gesprächen vor Ort. Sie begeben sich in die „Outdoor-Wohnzimmer" ihrer Gesprächspartnerinnen. Rasen statt Teppich. Ranke statt Schrankwand. Liegestuhl statt Sessel. Himmel statt Fernseher. Sie sprechen mit ihren Bewohnern, entlocken ihnen Geheimnisse und Rezepte und halten die gemeinsamen Momente fest. Hierdurch entsteht ein Zeitzeugnis einer modernen Stadt. Menschen aus aller Herren Länder leben hier zusammen, streiten sich, vertragen sich, lösen Konflikte, kochen, essen und haben ein gemeinsames Ziel: Ihre Herkunftsidentität mit ihrem jetzigen Leben in Einklang zu bringen.

Wo könnte das besser gelingen als in einem Schrebergarten?

„Mit 18 wurde ich **vom Antal zum Anton.**

Toni ist seit Jahrzehnten das Herz der Anlage.

Ihn kennen alle.

Budapest
Ungarn

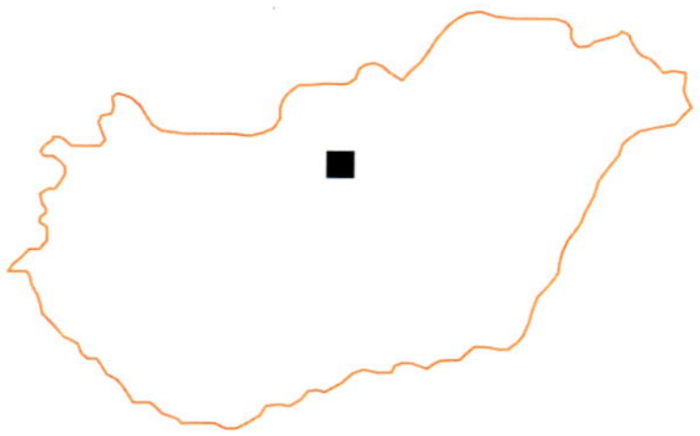

Peperoni an der Leine

Toni, Jahrgang 1935, ist in der Nähe von Budapest geboren. Seine schwäbischen Vorfahren lebten dort schon seit Jahrhunderten. Als nach Ende des zweiten Weltkriegs die Donauschwaben in Ungarn unerwünscht waren, mussten auch Tonis Eltern mit den beiden Söhnen das Land verlassen. Fünf Tage hat die Reise nach Deutschland in einem Viehwaggon gedauert. Da war er zehn Jahre alt und hieß noch Antal. Nach der Ankunft verteilten die Amerikaner die Familien vorwiegend im Mosbacher Landkreis. Dort kam er in die Schule, und obwohl er Deutsch konnte, „hat es mit der Grammatik hinten und vorne gehapert“, erinnert sich Toni noch gut. Sein Vater, gelernter Friseur, pendelte von Neunkirchen im Odenwald nach Mannheim, um als Maurergehilfe die Familie durchzubringen. 1954 siedelten sie ganz nach Mannheim über; Toni hatte seine Lehre zum Steinmetz in Eberbach am Neckar gerade beendet. Er war 18 und brauchte einen Reisepass – für die Schweiz zum Geldverdienen. Der Beamte auf der Ordnungsbehörde runzelte die Stirn über seinen Vornamen und machte ihn kurzerhand zum Anton.

„In der Schweiz habe ich mein ganzes Geld für die Hochzeit verdient“, lacht Toni. Die feierte er 1960 mit Helga, welche er auf Urlaub daheim in einem Mannheimer Tanzlokal kennen gelernt hatte.

„Und dann kam alle sieben Jahre ein Kind!“ 1974 das dritte, und im selben Jahr übernahm Toni den Pachtgarten seines Vaters am Herzogenriedpark, einem der beiden Parks der Bundesgartenschau 1975. „Im Vorfeld der BuGa wurde darauf geachtet, dass alles tiptop war“, berichtet Toni. „Wir erhielten Hilfe, zum Beispiel, um unsere Gartenhäuser zu streichen, bekamen aber auch Vorschriften zur Bebauung und Bepflanzung.“ Noch heute zählt die Gartenanlage Herzogenried zu den schönsten und gepflegtesten Mannheims.

> *Peperoni müssen schön scharf sein – das ist mein ungarisches Erbe!*

Toni, von Kindesbeinen an Eigenanbau gewohnt, sorgte nicht nur mit Bohnen, Kartoffeln & Co. für volle Bäuche, sondern auch mit Blühgewächsen fürs Auge. Ein Blickfang im Sommer ist der Trompetenstrauch am Eingang des Gartens. Eine Besonderheit in Tonis Gemüseanbau waren immer die Peperoni: „Schön scharf mussten die sein, das ist mein ungarisches Erbe!“ 15 bis 20 Kilo hat er Jahr für Jahr geerntet. Daraus machte er Paprikapulver oder legte sie ein.

Seine Frau, ein echtes Stadtkind, hat sich nie für den Garten interessiert. „Sie hat mir alle Freiheit gelassen“, sagt Toni dankbar. „Als ich in Rente war, bin ich morgens in den Garten, mittags heim, da stand das Essen auf dem Tisch, und danach habe ich weiter gegärtnert.“ 47 Jahre lang hat er seinen Garten bewirtschaftet. Ende 2021 gab er ihn ab.

Er hat losgelassen und ist nun ganz für seine Helga, die das Haus nicht mehr verlassen kann, da. Und der Gartenklause, wo ihn alle kennen und lieben, wird er treu bleiben. Ein bisschen Wehmut schleicht sich dennoch ein: „Ich habe meinen Garten nie abgeschlossen“, sagt er mit Blick auf das Vorhängeschloss seines Nachfolgers. „Und einen Zaun zum Nachbarn wird es wohl auch bald geben.“

Paprikapulver herzustellen ist einfach: Paprika oder Peperoni auffädeln und in der Sonne trocknen. Dann in einer elektrischen Kaffeemühle pulverisieren.

Jahrtausendelang war Paprika nur als Gewürz bekannt. Erst im 20. Jahrhundert entdeckte man Paprika auch als Gemüse.

Tonis Quittengelee

Zubereitung:
Quitten im September ernten, abwaschen, kleinschneiden (Kerngehäuse drinlassen) und mit Wasser bedeckt 2 Stunden lang kochen. In einem feinmaschigen Netz abtropfen lassen; wenn sie erkaltet sind, ausdrücken. Mit Gelierzucker 3:1 4 Minuten sprudelnd kochen und den Schaum abschöpfen, damit das Gelee schön klar wird.

„Gemüse habe ich am liebsten mit Pferdeäpfeln gedüngt.

Das ist kein scharfer **Dünger**, aber voller Nährstoffe. Bohnen schätzen es, wenn man ihn schon im Herbst in den Boden einarbeitet. Auch Johannisbeersträucher sind dafür dankbar."

„Für meine Eltern
ist der Garten
ein Stück Heimat.

Long und seine Familie haben sich in ihrem Garten ein Stück Heimat geschaffen. Wer sie besucht, kommt auf den Geschmack.

Denn diesen Garten kann man essen.

Amaranth enthält nicht nur alle 9 essentiellen Aminosäuren, sondern auch Omega-3-Fettsäuren, Vitamin B12, Kalzium und Eisen. Die Pflanze ist sehr widerstandsfähig und genügsam; sie sät sich sogar allein auf Schutthalden aus. Stängel und Blätter lassen sich als Gemüse genießen, während sich die Samen, oft gepufft, gut in Müsli machen. Amaranth eignet sich für eine glutenfreie Ernährung.

Die **Erdnuss** stammt zwar wie die Kartoffel aus Südamerika, ist aber in unseren Gärten relativ neu. Durch den Sklavenhandel gelangte sie nach Afrika; heute wird sie weltweit in den Tropen und Subtropen angebaut. Sie ist übrigens keine Nuss, sondern eine Hülsenfrucht, und gleich doppelt nützlich: Neben den unterirdisch reifenden Früchten liefert sie mit Hilfe symbiotischer Knöllchenbakterien Stickstoff als Dünger.

Wachskürbis wird bis zu 7 Kilo schwer und kann gut ein Jahr im Keller gelagert werden. Verwendung findet er in Suppen mit Hühnerfleisch oder gebraten mit Knoblauch.

Hanoi
Vietnam

Ein Garten, den man essen kann

Blumen sucht man hier vergebens. Der Garten von Long und My bzw. Longs Eltern ist ein Garten zum Aufessen. Hier wachsen Momordica charantia, Benincasa hispida, Sechium edule und Sauropus androgynus. Oder auf deutsch: Bittermelone, Wachskürbis, Chayote und Spinatstrauch. Pflanzennamen, die nur wenigen Menschen etwas sagen, denn dieses Fleckchen Erde ist ein wahres Schatzkästlein exotischer Gemüsesorten. Im Halbschatten der zahllosen Kletterhilfen und Rankgerüste gedeihen Wasserfenchel, Sesampflanzen, roter Amaranth und Fischminze.

Vor fünf Jahren hat Long den Garten gepachtet. Für seine Eltern, wie er sagt. Beide sind inzwischen pensioniert und brauchen Beschäftigung: „Sie können nicht stillsitzen!" Und das tun sie auch nicht. Longs Vater hebt Pflanzlöcher für den Mais aus. „Mais essen wir gebraten mit Knoblauch, aber wir lieben unseren mehligen Mais, nicht den süßen", sagt seine Frau Lanh. Auf einem Teller hat sie die Kräuter fürs Mittagessen gesammelt: Koriander, Minze, Rukola und die großen Blätter des koreanischen Pak Choi. Der wächst hier üppig, denn er wird nicht nur als Salat verzehrt, sondern dient auch zum Einwickeln der Banh Xeo, einer Art Pfannkuchenwickel aus Reismehl. Diese backt Schwiegertochter My mit routinierten, graziösen Handbewegungen am Ofen aus. Schon rundet sich sichtbar ihr Bäuchlein – Anfang September erwartet sie ihren ersten Sohn, während die zweijährige Tochter Elly bereits munter durch den Garten stiefelt. Sie ist die erste Generation der Familie, die in Deutschland geboren ist. Long war drei, als seine Eltern aus dem Norden Vietnams nach Berlin kamen. Dort besuchte er die Schule und bewarb sich bundesweit um einen Ausbildungsplatz als Lagerlogistiker. In Mannheim hatte er die besten Perspektiven. Also zogen ihm seine Eltern, die in der Gastronomie überall Arbeit finden konnten, in die Quadratestadt nach. Den Kontakt zur Heimat haben sie nie aufgegeben; regelmäßig besuchen sie Vietnam und bringen ihre alten Bekannten als Einwanderer mit – in Gestalt der vertrauten Pflanzen als Zutaten für ihre landestypischen Gerichte. Eine besondere Delikatesse ist die Käsepflanze, vietnamesisch „Lá Mơ lông". Sie ist mittlerweile auch in deutschen Gartencentern gefragt. Und Long brachte noch jemanden mit – seine spätere Frau My. Auf einem seiner Urlaube hatte er sie kennengelernt. „Der Klassiker: Tourist trifft Einheimische", lacht er. Mehrmals im Jahr besuchte er die junge Frau, die aus einer Künstlerfamilie stammt, und führte eine Fernbeziehung auf 12.000 Kilometer. Da es für ihn kein Zurück in die Heimat gab, war es My, die 2019 ihre Familie verließ und zu ihm nach Mannheim kam. Es sei ihr schon schwer gefallen, berichtet My in erstaunlich gutem Deutsch, das sie sich zwei Jahre lang am Mannheimer Goethe-Institut angeeignet hat. My erinnert sich: „Als ich das deutsche Obst und Gemüse gesehen habe, dachte ich: ‚Alles ist so groß hier!'" In der Tat sind die Früchte in Vietnam deutlich kleiner, aber auch intensiver im Geschmack. Dort haben sie die Möglichkeit, im heißen Klima zu reifen. Auch die Bittergurke, die bei Hitze den Körper kühlt, entwickelt in der Heimat einen deutlich bittereren Geschmack, hat Mutter Lanh beobachtet. „In unserem Land gibt es nicht so viele Medikamente, daher kennen und nutzen wir die heilende Wirkung der Pflanzen", sagt Lanh und nennt Beispiele: „Fischminze, regelmäßig roh gegessen, sorgt für eine schöne Haut. Die Sesampflanze schmeckt nicht nur aromatisch zu Grillfleisch, sondern senkt Blutdruck und Cholesterin. Der asiatische Beifuß hilft bei Menstruationsbeschwerden und als Tee gegen Kopfschmerzen und Fieber." Er lässt sich auch bei leichten Vergiftungen einsetzen. Immer wieder siedelt Lanh neue Pflanzen an, die sie mit einer Gruppe von Landsleuten austauscht.

My hat die mit Kurkuma goldgelb gefärbten Banh Xeo inzwischen fertig gebacken und Lanh hat sie gefüllt. Nun wird zu Tisch gebeten. Der Vater schneidet die knusprigen Wraps mit der Schere in mundgerechte Stücke, die, mit Kräutern belegt und zum Schluss mit einem Blatt Pak Choi umwickelt, in eine Fischsoße getunkt werden. Köstlich! Nach einem Besuch in diesem Garten ist man in jedem Falle reicher: an Eindrücken, an Wissen, an Erfahrungen. Wer zu Longs Eltern in den Garten kommt, kann mit ihrer Gastfreundschaft rechnen – und die gibt es mal gedämpft, mal gegrillt oder auch frittiert. Hier lässt sich erleben, wie kulturelle Vielfalt das Leben hierzulande bereichert. Nicht zuletzt auch geschmacklich.

Die **Käsepflanze** (Lá Mó lông) aus Vietnam schmeckt nach Camembert. Dort wird sie gerne zu eiweißreichen Speisen gegessen, da sie die Proteinverdauung unterstützt. Außer zu Fleisch, Eiern und Tofu passt sie auch gut in Salate oder auf Pizza. Die Rankpflanze gedeiht auch in Ampeln.

Lanhs Omelette mit Käsepflanze

Zubereitung (für 2 Personen):
3 Eier, 10 Blätter Käsepflanze (kleingeschnitten), 1 TL Fischsoße, etwas Salz. Mit dem Schneebesen verrühren und in Öl anbraten.

Chayote sind wie Zucchini, schmecken nur besser.

Lanhs Chayote-Zubereitung

Zubereitung:
Chayote schälen und klein schneiden, Öl in eine Pfanne, Garnelen mit Salz anbraten, Chayote, Fischsoße und Hühnerbrühe dazu. 2-3 Minuten, fertig.

Mys Banh Xeo (sprich: Ban Seo)

Teig:
70 g Reismehl, 30 g Weizenmehl, 2 EL Kartoffelmehl (auch als Fertigmischung im Asialaden erhältlich) 2 TL Kurkumapulver, etwas Salz, 2 EL Öl, 1 Dose (200 ml) Kokosmilch, 800 ml Sprudel

Füllung:
Frische Sojasprossen, nach Wahl etwas angebratenes Hackfleisch, Meeresfrüchte, Pilze oder Tofu

Soße:
Auf 1 Teil Fischsoße 1 Teil Zucker, 1 Teil Essig oder Zitrone, 5 Teile Wasser, etwas gehackten Knoblauch und 1 Stück Chilischote ohne Kerne, Kräuter nach Wahl, große Salatblätter zum Umwickeln

Teig in Pflanzenöl ausbacken, füllen, mit Kräutern belegen, in ein großes Blatt Salat wickeln und in die Soße dippen.

Fischminze schmeckt tatsächlich stark nach Fisch und wird in vielen Currys verwendet. Sie hilft bei Verdauungsproblemen und sorgt, roh gegessen, laut Lanh für eine schöne, reine Haut.

Vietnamesische Perilla hilft gegen Blähungen und leichte Vergiftungen und ist auch entzündungshemmend.

„So wie andere Gartenzwerge sammeln, **sammeln wir Buddha-Köpfe.**

Vielleicht nicht die größte Bananenstaude Deutschlands, aber mit Sicherheit die größte in der Gartenanlage am Stollenwörthweiher mit ihren Besitzern Florian, Michael und Hündchen „Louis“.

Mannheim
Deutschland

Ein Chinapalast als Gartenhaus

Ein original Geisterhaus aus Thailand, ein knallroter Raumteiler aus einem aufgegebenen Chinarestaurant, ein goldener Buddha-Kopf inmitten von Pfingstrosen und Fächerpalmen - es ist nicht zu übersehen: Michael und Florian sind Asienfans. Und lieben ungewöhnliche Gartenpflanzen. Sie im Internet aufzuspüren ist Michas Leidenschaft. Der 34-jährige Besitzer eines Friseursalons hat schon allerhand erjagt: Penistomaten, eine Teufelszunge, die nur alle Jahre für ein paar Tage blüht, Artischocken, ein Limetten- und ein Granatapfelbäumchen, das heuer erste Minifrüchte trägt, eine Seidenakazie mit schokoladenbraunen Blättern.
Im Fischteich tummeln sich Goldfische; acht davon aus dem Aquarium eines - natürlich - Chinarestaurants gerettet. „Die Besitzerin wollte das Aquarium nicht mehr, und den Fischen wäre kein schöner Tod bevorgestanden", so Michael vielsagend.

Blickfang des Gartens in der südlichsten Anlage Mannheims ist gleichwohl die Bananenstaude. Sie überragt das dreieinhalb Meter hohe Gartenhaus um mindestens weitere anderthalb Meter, und es braucht mindestens fünf Menschen, sie zu umringen. „Als wir den Garten übernahmen, waren es gerade mal fünf Stängelchen", erinnert sich Florian. Das war im Jahr 2019. Zuvor hatten die beiden im Mannheimer Schloss geheiratet und planten ihre Flitterwochen. In Südostasien, wo auch sonst. Ein Garten war in ihrem Plan allerdings nicht vorgekommen. Als eine Friseurkundin von Michael ihren Garten abgeben wollte, fand das Paar die Idee, eine Parzelle in der Nähe des Sees zu haben und dort mit ihrem Mini-Chihuahua „Louis" Gassirunden zu drehen, „sehr cool". Doch einen Garten in einer so begehrten Anlage zu übernehmen, für die es lange Wartelisten gibt, und wenn man zudem nicht im vorgeschriebenen Einzugsgebiet wohnt, war nicht so einfach. Sie schafften es trotzdem. So, wie sie auch ihre gemeinsame Geschichte meisterten, was auch nicht immer leicht war.

Kennen gelernt hatten sich die beiden, Florian (43) aus dem Schwarzwald und der Mannheimer Michael, übers Internet. Da war Micha gerade einmal 15 und hatte gerade sein Coming-out hinter sich. Die Beziehung scheiterte - zunächst. Das Schicksal wollte es, dass sie sich Jahre später im Fitness-Studio wieder begegneten. Sie verabredeten sich zum Sport, gingen miteinander aus, „und die Liebe flammte wieder auf", erinnert sich Florian. Im selben Jahr, 2015, legten sie sich auch als gemeinsames Baby „Louis" zu. Dieser steht gar nicht auf Spaziergänge rund um den See, sondern hat den Garten zu seinem Revier auserkoren und läuft grunzend unter dem Tisch herum.

> *In China ist es ein Fluch, jemandem ein aufregendes Leben zu wünschen.*

So ungewöhnlich wie die exotische Bepflanzung, die gleichzeitig heimische Wildpflanzen wie Goldrute, Blutweiderich, Löwenmäulchen und Weidenröschen zulässt, ist auch das Haus. „Es war heruntergekommen, und wir haben es abgerissen", berichtet Florian. Der handwerklich vielseitige Hausmeister baute es mit Hilfe des Gartennachbarn, einem Maurer, von Grund auf neu, verpasste ihm einen strahlend weißen Anstrich und verwandelte es nach und nach durch Schmuckelemente - wie immer aus dem Internet oder Restaurants - in ein chinesisches Teehaus mit Küche, Eckbank und Hochbett. Nahezu jeden Abend in Betrieb ist der Hybridgrill. „Gerade grillen wir mit Gas, aber wer weiß? Wenn die Zeiten schlechter werden, steigen wir auf Kohle um", sagt Michael.

Seine Arme ziert ein chinesischer Schriftzug: „Das sollte eigentlich mein Name sein!" Doch Chinesen schütteln darüber regelmäßig den Kopf. „Es ist wohl doch nur irgendein Nonsens", nimmt es Michael mit Humor. Richtig sind jedoch die drei Zeichen, die er sich auf den Nacken hat malen lassen: „Liebe, Treue, Sex." Das sei tatsächlich, was laut chinesischer Philosophie das Leben ausmache. Und noch eine chinesische Weisheit beherzigen die beiden: „In China gilt es als Fluch, wenn man jemandem ein aufregendes Leben wünscht," erklärt Michael. Folglich zählt für die beiden ein friedvolles Leben mit Liebe zueinander und zu „Louis", mit Reiseeindrücken aus asiatischen Ländern und gutes Essen. Mehr braucht es doch auch gar nicht.

Mit Blüten, die wie Puderquasten aussehen, und Blättern, die mehrmals im Jahr die Farbe ändern, ist die **Seidenakazie** ein ganz besonderer Baum.

Der aus Persien kommende **Granatapfel** im Garten ist ein Versuch. Er steht im ersten Jahr und hat schon eine Frucht! Granatapfel hält die Blutgefäße geschmeidig und soll aphrodisierend wirken.

Die Artischockenherzen sind noch sehr klein, aber lecker. Die Blüten sehen nicht nur schön aus, sondern ziehen auch Hummeln, Bienen und andere Insekten an.

„Im Herbst schlagen wir alle Blätter der Banane bis auf einen halben Meter über dem Boden ab, decken die Pflanze damit zu und breiten eine große Plastikplane, die wir mit Steinen beschweren, darüber, damit die Pflanze frostfrei bleibt.

Dieses Jahr hat die **Banane** erstmalig geblüht. Ursprünglich stammt die Banane aus Südostasien und gelangte über arabische Händler nach Europa. Daher hat sie auch ihren Namen – „Banan" bedeutet übersetzt „Finger". Eine Bananenstaude kann bis zu 300 Früchte hervorbringen. Gute Aussichten für Michael und Florian!

Ein bisschen Luxus darf sein. Die **Edelstahldusche** ist an's Brunnenwasser angeschlossen.

Michaels Bolognese

Sauce bolognese aus 4 Tomatensorten.

Zutaten (für 4 Personen):
400 - 500 g Hackfleisch
800 g Tomaten, gerne verschiedene Sorten, gewürfelt
Tomatenmark nach Geschmack zum Andicken
1 große Zwiebel, 2 Karotten
1 - 2 Zehen Knoblauch
1 Handvoll Erbsen
100 ml Rotwein
ca. 100 g gekochter Gourmetschinken
Salz, Pfeffer; Gewürze wie Oregano, Thymian, Rosmarin

Zubereitung:
Zwiebel schälen, kleinschneiden, anbraten, währenddessen die Karotten schälen und würfeln. Diese hinzugeben und mit anschwitzen. Danach das Hackfleisch ebenfalls mit anbraten. Tomatenmark, Erbsen, Schinken, Knoblauch und Gewürze dazu und mit dem Rotwein ablöschen. Mindestens 1 Stunde köcheln lassen.

Für unsere Bolognese verwenden wir möglichst mehrere Tomatensorten und lassen sie oft stundenlang köcheln. Das ergibt den einzigartigen, intensiven Geschmack.

Tomatensorten gibt es schätzungsweise um die 3.000. Viele alte Sorten werden wieder entdeckt, weil sie sehr unterschiedlich und aromatisch schmecken.
Die größten Sorten werden bis zu 1,5 Kilo schwer.

Die mild und fruchtige schmeckende **Tomate Aurija** zählt zu den neueren Züchtungen und wird auch Penistomate genannt. Man kann sich denken, warum …

Man hat eine Beziehung zum Garten.

Meine friedlichste Beziehung überhaupt!

Bäume sind Brigidas Freunde. Für sie war dieser Garten Liebe auf den ersten Blick.

Brigida, wie sie leibt und lebt.
Gerne auch mal mit Zigarette
und Weißweinschorle.
Aber süß muss sie sein.

„Der Garten gibt dir Arbeit immer zur selben Zeit. Und immer zur selben Zeit verschafft er dir auch Ruhe.

„Für Kirschkernkissen lasse ich die **Sauerkirschen** trocknen, bis das Fruchtfleisch verschwunden ist. Dann fülle ich die Kerne in kleine Kissen, die ich aus Stoffresten nähe."

Das **Ziergras** schneidet Brigida zum Winterende radikal ab, sodass es im Frühjahr wieder üppig austreiben kann.

Luanda
Angola

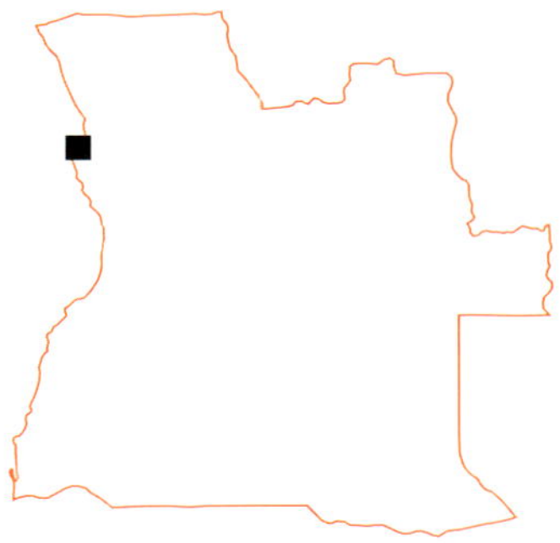

Brigida und der Schwesterbaum

„Kommt ruhig rein, es kostet nix!" heißt Brigida ihre Gäste im Garten willkommen. In breitem Kurpfälzisch und mit noch breiterem Grinsen. Und doch ist sie eine Exotin im Kleingärtnerverein Friesenheimer Insel. Brigida ist Portugiesin und wurde in der angolanischen Hauptstadt Luanda geboren. Es mag ein Klischee sein, aber Feiern und Frohsinn liegen ihr im Blut. Ob beim Fischerfest auf der „Insel" oder beim Christopher Street Day in der Mannheimer Innenstadt: Brigida fehlt nirgends. Wobei der Einsatz beim CSD fast schon dienstlich ist, wenn sie am Stand ihres Chefs, der das bunte Fest unterstützt, dabei ist – mit Engelsflügeln auf dem Rücken. „Jo! Das macht Spaß! Mein Freund, der in Bayern lebt, muss dieses Wochenende halt auf mich verzichten!", setzt Brigida klare Prioritäten. Dorthin zu kommen, wo sie heute steht, mit Wunschjob als Pflegeberaterin und ihrem geliebten Garten („meine friedlichste Beziehung!"), war keineswegs vorhersehbar und alles andere als leicht. Mit einem Jahr wurde Brigida von der Mutter zu Verwandten nach Portugal geschickt, um dort ein Muttermal entfernen zu lassen. Den Ärzten in Angola hatte sie das nicht zugetraut. Als Brigida 17 war, verliebte sie sich in einen Portugiesen aus Deutschland auf Urlaub. „Ein Jahr später bin ich nach England zu meinem Vater und meinem Bruder. Mit meiner Liebe blieb ich in Kontakt, ganz old school über Briefe", sagt die 45-Jährige. An den Tag, als sie nach Deutschland kam, erinnert sie sich gut: „Es war der 13. April 1996. Drei Tage später haben wir in Dänemark geheiratet." Die Ehe hielt nur zwei Jahre. Nach der Scheidung kam die Entscheidung: „Entweder zurückgehen oder bleiben und mich neu orientieren." Brigida entschied sich für Letzteres: „Wie die Pflanzen. Die geben nie auf." Erst jetzt begann die junge Frau, Deutsch zu lernen und sich um ein Freiwilliges Soziales Jahr in der Altenpflege zu bemühen: „Das wollte ich schon in Portugal machen. Aber damals hieß es, ich sei noch zu jung." Brigida nutzte ihre Chance, ließ sich zur Altenpflegerin ausbilden und lernte eifrig Deutsch. „In der Schule haben die Lehrer ‚gebabbelt', und ich habe nichts verstanden", sagt Brigida rückblickend. „Also habe ich Zeitungen gelesen und Nachrichten gehört. Und meine Kollegen gebeten, mich zu verbessern, wenn ich Fehler mache." Leben – und sich um Leben kümmern – ist für Brigida existenziell. 2018 übernahm sie den Garten auf der Friesenheimer Insel. Bis auf den Schuppen, den sie neu errichten ließ, war der Garten in gutem Zustand mit zahlreichen Bäumen wie Pflaume, zwei riesigen Süßkirschen, Apfel und Birne. Und einem Sauerkirschbaum. „Alle haben mir geraten, ihn zu entfernen. Er hatte einen Pilz."

Doch Brigida wäre nicht Brigida, wenn sie aufgegeben hätte. Sie begann, die Rinde mit einer Bürste zu bearbeiten, den Pilz großzügig auszuschneiden und den Baum immer wieder mit Wundbalsam zu versorgen. Zur selben Zeit war ihre Schwester sehr krank. Immer wieder schickte sie ihr Bilder vom Baum und fachte ihren Lebenswillen an. Noch sind beide nicht ganz überm Berg – „aber sie haben überlebt!" Seither nennt sie die Kirsche den „Schwesterbaum".
Die Früchte, mit denen er sie Jahr für Jahr beschenkt, mag sie nicht. Doch aus den trockenen Kernen, eingenäht in Stoffreste, stellt sie Kirschkernkissen her. „Kostet keinen Cent, nur ein bisschen Arbeit", kommentiert Brigida. Arbeit mit den Gartenfrüchten zuhause macht sie sich sowieso gerne. „Mein Sohn ist das ganze Jahr wild auf Eis, am liebsten aus Erdbeeren oder Birnen, und schön sahnig muss es sein", sagt sie. Das stellt Brigida im Handumdrehen her, denn sobald sie Früchte geerntet hat, zerkleinert sie sie und friert sie portionsweise ein. Inzwischen macht sie auch Eis aus den Süßkirschen. Lange hatte sie das Entsteinen abgeschreckt: „Kirschen entsteinen, das ist eine verdammte Arbeit!" stöhnt sie und verdreht die Augen. „Dann hat Lukas gesagt: ‚Mama, wir haben doch den Thermomix. Der kann alles!'", lacht sie über diese Erinnerung. Wenn Brigida aus dem Portugalurlaub zurück ist, wird sie ihre geliebte spanische Musik aufdrehen und den einen oder anderen Tag in der Küche stehen, um Marmeladen und Suppen herzustellen. Die Kürbisse warten schon darauf.

Brigidas Birneneis

Zutaten (für 4 Personen):
350 g gefrorene, kleingeschnittene und entkernte Birnen (wahlweise auch Erdbeeren, Kirschen oder sonstigen Gartenfrüchten)
40 g Puderzucker
200 g Schlagsahne

Zubereitung:
Alles im Mixer pürieren – fertig!

Brigidas Muamba de Galinha (Hühnchen mit Erdnüssen und Ingwer aus Angola)

Zutaten:
1 ganzes Huhn,
1 Zwiebel,
3 EL Palmöl,
2 – 3 große Tomaten,
400 g Okraschoten,
1 Dose Erdnüsse,
2 – 3 Zehen Knoblauch,
1 Lorbeerblatt,
Pfeffer, Salz, Ingwer, Kümmel

Zubereitung:
Das Huhn zerlegen und kleinschneiden, die Zwiebel kleinhacken, mit Knoblauch und den Gewürzen (außer dem Lorbeerblatt) zusammen im Palmöl anbraten. Die Tomaten würfeln, mit dem Lorbeerblatt zum Huhn geben und 30 Minuten köcheln lassen.

In der Zwischenzeit die Erdnüsse kleinhacken, hinzugeben, weitere 30 Minuten köcheln lassen. Die letzten 10 Minuten die Okraschoten hinzufügen.

Ich liebe
meinen Garten.
Alles vom Garten
ist gut.

Brigidas Doce de Tomate

(Portugiesische Tomatenmarmelade)

Zutaten (für 4 Personen):
1 kg Tomaten, 800 g Rohrohrzucker, 1 Zimtstange, 1 Bio-Zitrone

Zubereitung:
Die Tomaten enthäuten und in kleine Stücke schneiden. Nun kommen der Zucker die Zimtstange die Schale der Zitrone dazu, anschließend der Saft einer halben Zitrone. Aufkochen, Hitze reduzieren und die Masse eine gute Stunde vor sich hinköcheln lassen, dabei immer wieder durchrühren.
Die Marmelade ist fertig, wenn sich der „Ponto de Estrada" gebildet hat. Auf Deutsch ist das die Gelierprobe. Jetzt können Zimtstange und Zitronenschale entfernt und die Doce de Tomate in Gläser gefüllt werden. Die Gläser gut zuschrauben, umdrehen und bis zum Abkühlen so stehen lassen.

Brigidas Kürbis-Ananas-Marmelade mit Ingwer

Zutaten:
1 Hokkaido-Kürbis (etwa 1 kg),
Ananas (500 g),
2 Zitronen (unbehandelt),
50 g Ingwer (frisch),
500 g Gelierzucker (2:1)

Zubereitung:
Den Kürbis halbieren und die Kerne mit einem Löffel herauskratzen. Kürbis in Spalten schneiden und schälen. Mit einer groben Reibe raspeln, 700 g davon abwiegen. Nun die Ananas schälen und in kleine Würfel schneiden, den harten Strunk herausschneiden. Davon 300 g abwiegen. Zitrone abwaschen und die Schale abreiben. Beide Zitronen auspressen. Ingwer dünn schälen und reiben. Kürbis, Ananas, 2 El Zitronenschale, 10 El Zitronensaft und Gelierzucker in einem ausreichend großen Topf mischen und etwa 30 Minuten ziehen lassen. Dann unter ständigem Rühren aufkochen und ab diesem Zeitpunkt 3 Minuten sprudelnd kochen lassen. In sterilisierte Gläser füllen, sofort fest verschließen und bis zur Abkühlung auf den Deckel stellen.

„Ausgewogen würzen ist wichtig, **sonst schmeckt das Essen scheußlich.**

Die Beete in Manis und Kumars Garten sind sehr akkurat eingefasst und in Kumars Lieblingsfarbe weiß gestrichen.

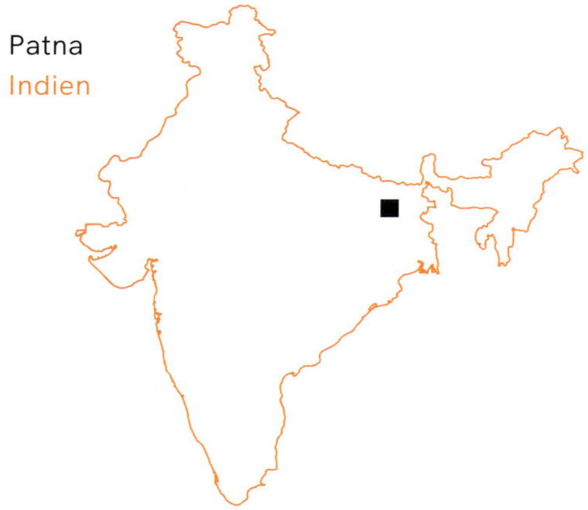

Eine Prise Ayurveda

Mani hat feuchte Augen. Es ist der 14. Januar, der Vorabend von „Makar Sankrati“, einem Fest, das in ganz Indien gefeiert wird. „Das ist sehr emotional für mich, denn jetzt beginnt die gute Zeit; es werden wieder Hochzeiten geschlossen“, sagt sie und wischt sich eine Träne aus dem Auge. Ehemann Kumar ergänzt: „Nun ernten wir, was wir im Herbst angebaut haben und säen für den Sommer.“ Mani und Kumar, beide 43, nehmen vom Fernseher aus am Fest teil und schauen zu, wie um das Feuer getanzt wird. Am eigentlichen Festtag wird traditionell Dal, ein Linsengericht, mit Reis gekocht und den Armen gespendet. Daher gibt es heute auch Dal, dazu ein Curry mit Paneer-Käse. Dafür ist sie seit sechs Uhr morgens in der Küche gestanden. „Indisches Essen erfordert Geduld“, sagt sie. Auch, wenn die Zutaten einfach sind, braucht es doch mehrere Arbeitsschritte, bis das Gericht im Topf köchelt. „Die Proportionen sind wichtig“, betont Kumar. „Nimmt man von einem Gewürz zu viel, schmeckt das ganze Essen scheußlich!“ Nicht fehlen darf an diesem Tag auch Rawedi, süßes Gebäck mit Sesam.

Mani stammt aus dem Staate Utta Pradesh, Kumar aus Bihar. Die Ehe wurde von den Eltern arrangiert. Kumar erzählt: „Meine Eltern haben, wie es bei uns üblich ist, ein Inserat in einer überregionalen Zeitung aufgegeben.“ Er hat nicht dagegen aufbegehrt: „Wir vertrauen unseren Eltern“, begründet der kleine Mann mit der Brille. In Manis Familie hat es viele Liebesheiraten gegeben. „Mein Vater hatte mich gefragt, ob ich jemanden hätte. Wenn er meinen Eltern passend erschienen wäre, hätten sie uns ihren Segen gegeben.“ Hatte sie aber nicht, und so wurde aus Mani und Kumar mit gegenseitigem Einverständnis ein Paar. Noch in Patna, der Hauptstadt von Bihar, kam 2007 Sohn Aajush zur Welt, sieben Jahre später die Tochter Melody. Und damit erfüllten sich Kumars Träume: „Ich hatte mir immer einen Jungen und ein Mädchen im Abstand von etwa sechs Jahren gewünscht. Melody bekam ihren Namen, weil ich dachte, dass sie vielleicht gut singen kann!“, sagt er lachend. Das zierliche Mädchen besucht die 3. Klasse, liebt Einhörner und zeichnet lieber, als sie singt.

Wir vertrauen unseren Eltern – auch in Liebesdingen

Aajush liegt die technisch-mathematische Begabung in den Genen. Er ist nicht nur ein Ass in Mathe und Physik, sondern beschäftigt sich auch in seiner Freizeit mit mathematischen Aufgabenstellungen und nimmt an Wettbewerben teil. Doch auch mit den Sprachen läuft es gut: „Englisch, Deutsch, Hindi/Urdu spreche ich eh, und Französisch fällt mir leicht“, erzählt der 15-Jährige. Er war es auch, der das Essen für die deutschen Gäste vorgeschlagen hatte.

„In Indien lebt man zu 99 Prozent vegetarisch“, sagt Mani. „Hühner- oder Lammfleisch wird meistens nur etwa ein Mal im Monat verzehrt.“ Sie selbst habe noch nie Hühnerfleisch angefasst, und sie koche nur, was sie im Garten anbauen könne. Mit ihrem Garten am Mannheimer Stollenwörthweiher erfüllte sich ein weiterer Wunsch in Kumars Leben. „Wir machten einen Spaziergang Richtung Waldpark und wunderten uns über diese kleinen Häuser überall. Wer wohl darin wohnt?“, rätselte das Ehepaar damals. Als sie erfuhren, dass man dort einen Garten pachten könne, ließen sie sich auf die Warteliste setzen. „Wir waren auf Position 123, doch als wir einen Garten haben konnten, dessen Pächter aus Altersgründen aufgab, haben wir nicht lange gezögert.“ Denn der IT-Fachmann Kumar, den seine Firma, der größte IT-Arbeitgeber in Indien, vor sieben Jahren zunächst nach England, dann nach Deutschland geschickt hatte, ist auch ein passionierter Gärtner und weiß viel über die kulinarischen und medizinischen Eigenschaften der Pflanzen seiner Heimat. Bevor er jedoch Zwiebeln, Tomaten, Koriander und alles, was es zum indischen Kochen braucht, anbauen konnte, galt es, den Dschungel zu roden. Dann legte er Beete an und strich die Einfassungen in seiner Lieblingsfarbe, weiß. Das Gewächshaus will er künftig auch im Winter für die indischen frostempfindliche Pflanzen nutzen – seine Schützlinge, die derzeit auf der Fensterbank überwintern. Noch hat er keine Idee für ein Heizsystem. Doch auch dieser Wunsch wird sich ganz bestimmt durchs Kumars Tatkraft und mit einem Quäntchen Glück erfüllen.

Blüten des **indischen Jasmins** beduftete n das Babyzimmer von Melody. „Deshalb war sie so ein friedliches Baby", ist Kumar überzeugt. Jasminöl wird in der Aromatherapie verwendet, und ein Tee aus Jasminblüten wirkt gegen Schmerzen und Entzündungen.

Ich koche nur, was man im Garten anbauen kann. Wie zum Beispiel verschiedene Kürbissorten.

Kumar nutzt auch das Dach des Gartenhauses zum Bepflanzen. Die meterlangen Ausläufer des **Flaschenkürbis** wissen den Platz in der Höhe zu schätzen. Flaschenkürbisse sollten nur jung verzehrt werden. Aus älteren Exemplaren lassen sich robuste und lang haltbare Trinkflaschen herstellen: Den Kürbisstiel absägen und an einem hellen Platz etwa 3 Monate aufgehängt trocknen lassen. Ein paar Kieselsteine einfüllen und so schütteln, dass die Kerne und Fruchtfleischreste herausfallen.

Matar Paneer – Erbsengericht mit Paneer-Käse

Zubereitung:
2 Zwiebeln, 2 Tomaten, 1 Zehe Knoblauch, 1 Messerspitze Ingwer und ein wenig Wasser in einem Mixer zerkleinern. Senfsaat, alternativ Kreuzkümmel in 1 EL Rapsöl anbraten. Mit dem kleingehackten Gemüse bei wenig Hitze und geschlossenem Deckel köcheln, gelegentlich umrühren. Eine Handvoll Erbsen zugeben, weiterköcheln und rühren, bis es gut eingedickt ist. 250 g Paneer-Käse (oder türkischen Peynir) hinzufügen.

Falls es zu dick ist, Milch oder Wasser zugießen. Dann Salz und 0,5 TL Garam Masala, Chiliflocken und Kurkuma nach Belieben einrühren. Zum Schluss abschmecken und 1 EL Zucker nicht vergessen.

Damit **Reis** schön weiß und glänzend bleibt und nicht klebt, am Ende der Kochzeit etwas Zitronensaft hinzugeben. Curryblatt und indischen Lorbeer nur kurz mitkochen. So bleiben deren Inhalts- und Aromastoffe erhalten.

Manis Dal aus gelben Linsen

Zubereitung:
1,5 Tassen gelbe Linsen mit etwas Salz und Kurkuma in 3 Tassen Wasser kochen. In der Zwischenzeit in 1 EL Rapsöl 0,5 TL schwarze Senfsaat anrösten, 2 mittelgroße gehackte Zwiebeln zugeben und glasig dünsten, 2 Tomaten mitbraten. 1 Knoblauchzehe mitköcheln. 0,5 EL Garam Masala, eine Handvoll getrocknete Curryblätter und nach Geschmack Chiliflocken hinzufügen. Mit den Linsen mischen. Vom Feuer nehmen und Koriander (Samen oder frische Pflanze) sowie einen EL Zitronensaft zugeben.

Der **Neem-Baum** - ein Geschenk der Natur: Im Ayurveda gehört Neem zu den bedeutendsten Heilpflanzen; seine mehr als 100 Wirkstoffe in Blättern, Rinde und Wurzeln sorgen unter anderem dafür, dass Entzündungen und Bakterien in Schach gehalten werden. Zur Zahnpflege beispielsweise wird in Indien das Holz gekaut.

Doch auch hierzulande haben Produkte aus Neem-Öl längst Einzug gehalten: Während sie in hiesigen Gartenmärkten als biologischer Dünger, Schädlingsbekämpfer und zur Gesunderhaltung von Kulturpflanzen verkauft werden, hat die Kosmetikindustrie die hautpflegenden Eigenschaften des Neem für Cremes entdeckt.

Kumars **indischer Lorbeer** hat noch viel vor: Ausgewachsen bilden die mehrere Meter hohen Bäume richtige Wälder. Die Blätter werden nicht nur in der Küche, sondern auch in der Heilkunde verwendet. Sie enthalten unter anderem die Vitamine A, C und B12, zudem Folat, Kalzium und Eisen. Sie wirken sich positiv aufs Immunsystem aus und senken sowohl den Blutdruck als auch den Cholesterinspiegel.

Curryblatt gehört zu den wichtigsten Küchenpflanzen Indiens und spielt eine große Rolle in der ayurvedischen Heilkunst. So hilft ein Tee aus Curryblättern Schwangeren gegen Morgenübelkeit.

Tipp gegen Ergrauen und Haarausfall: Curryblätter in Kokosöl braten, bis sie schwarz sind, das Öl erkalten lassen und ins Haar einmassieren.

Bittergurke - so verliert sie ihre Bitterkeit: Nicht zu groß werden lassen und zunächst die Samen entfernen. Gurke in Stücke schneiden und mit Salzwasser bedecken. Nach einer halben Stunde das Wasser abschütten. Danach lässt sie sich anstelle der Linsen wie im Dal-Rezept zubereiten.

BECK'S
GOLD
Warsteiner

„Eine Hand alleine
kann nicht klatschen.

Hier treffen sich Genießer:
Wenn Vans kocht, ist im Garten immer was los. Gemeinsam essen liegt ihr am Herzen, und der Applaus ist ihr sicher.

Vientiane
Laos

Alles in die Supp'!

Laotische Namen sind kompliziert und werden auch in der Heimat kaum benutzt. Belassen wir es deshalb bei den „Nicknames" von Frau Vans (56) und Herrn Pa (62). Wobei Pas Alter nicht genau bekannt ist. Pa kam auf abenteuerliche Weise ohne ein Wort Deutsch aus der laotischen Hauptstadt hierher und konnte daher sein genaues Geburtsdatum, das zudem nach einem anderen Kalendersystem datiert ist, nur ungefähr angeben.

Das ist nun schon lange her. Er kämpfte zur Zeit des Vietnamkrieges im laotischen Bürgerkrieg auf Seiten des Königreichs Laos, das von Thailand und den USA unterstützt wurde. Als sich sein Land China zuwandte und kommunistisch wurde, hatten viele Laoten Angst, dass ihnen alles genommen würde. 1978 beschloss Pa mit zwei Kameraden, nach Thailand zu fliehen – schwimmend den Grenzfluss Mekong entlang. Der ist in etwa so breit wie der Rhein und besitzt eine ähnliche Strömung. „Schaut ihn an, er hat das geschafft, weil wir so gut essen – die frischen Kräuter und Chilis halten uns gesund!", funkt Vans dazwischen. Ohne einen trockenen Faden am Leib kam Pa in der nordthailändischen Provinz Nong Khai an Land, wurde in einem Camp notversorgt und landete erst einmal im Gefängnis, weil er keine Papiere hatte. Was folgt, ist eine Reihe von Zufällen, oder kann man es Schicksal nennen? Deutschland war das Land, das den Geflüchteten nach drei Jahren im amerikanischen Camp aufnahm, Mannheim die Stadt, die Arbeitskräfte suchte, sodass er sofort bei einem Traktorenhersteller im Schichtbetrieb anfangen konnte. 13 Jahre später wurde sein Glück perfekt: Vans, ebenfalls aus Vientiane, war von Verwandten nach Mannheim eingeladen worden, und als sich Vans und Pa begegneten, war es Liebe auf den ersten Blick. „Express!" nennt Pa ihre Blitzheirat innerhalb von Vans dreimonatigem Visum. Auch mit dem Kinderkriegen beeilten sie sich – die kamen 1995 und 1996 auf die Welt. Den Garten in Käfertal haben sie erst seit vier Jahren. Als sie ihn übernahmen, war er „verwildert wie ein Dschungel", lacht Vans. Das ist heute nicht mehr so; es herrscht eine fast penible Ordnung. Die Chilis sind nach Sorten angebaut – von richtig scharf bis weniger scharf; es gibt Tomaten, Beete mit Kräutern wie Thai-Basilikum, Wasserspinat, weißen asiatischen Auberginen und Zitronengras – „das putzt die Organe", weiß Vans. Auch Veilchen kultiviert sie in einem Beet; sie sollen, roh gegessen, gegen Kopfschmerzen helfen. Von der Pergola baumeln Wintermelonen; wer darunter durchgeht, muss den Kopf einziehen. Diese Früchte verarbeitet Vans zu Suppen, nutzt sie für Currys oder brät sie einfach an. Über die warzigen Bittergurken sagt sie: „Wir essen sie roh, auch die Blätter, oder tun sie in die Supp'!" „In die Supp'" kommt so gut wie alles: „Wir essen immer Suppe. Nur manchmal lassen wir das Wasser weg", sagt Vans mit einem Zwinkern. Vans ist ohnehin ein Sonnenschein und lacht viel. Im pinkfarbenen Kleid steht sie mit ihrer thailändischen Freundin Rose in der Küche und bereitet Laab Gai, eines der bekanntesten Gerichte mit Huhn (gai), vor. Vans arbeitet als Köchin in einem Thai-Restaurant; sie beherrscht das asiatische Kochen aus dem Effeff. Vans und Pa sind mehr im Garten als in ihrer Wohnung zuhause, selbst im Winter sind sie zum Kochen, Grillen und Beisammensein mit ihren Freunden draußen. „Hier ist es wärmer", sagt Pa und meint damit nicht die Temperatur, sondern die Herzenswärme, die sie hier mit ihren Freunden erleben.

In der kleinen Gartenküche stehen Töpfe mit pulverisiertem Chili oder Chili in Öl – eine wesentliche Zutat in der asiatischen Küche. Auf dem Gaskocher simmert der Klebreis in einem Bambustöpfchen vor sich hin; auch er darf bei keinem Essen fehlen. Vans brät eine Handvoll Reis an, bis er braun ist, um ihn nach dem Abkühlen in einer Kaffeemühle zu feinem Sand zu malen. Der gibt dem Gericht den unverwechselbaren Biss und macht ihre Gäste glücklich. Dazu werden, wie könnte es auch anders sein, gleich zwei Suppen zubereitet: Eine Bambussuppe – für den europäischen Gaumen eher exotisch, nicht zuletzt, weil eine Zutat getrocknete Insekten sind, und eine Melonensuppe. Langsam trudeln die Gäste ein: Vans' laotische und thailändische Freundinnen aus den Gärten ringsum. Die Verständigung ist unproblematisch; sind doch Thai und Laotisch verwandte Sprachen. Langsam verstummt das Geplauder der Frauen und macht glücklichen Seufzern über das gute Essen Platz.

Die **Bittergurke** ist
tatsächlich sehr bitter,
aber auch gesund.
Sie zügelt den Appetit,
reduziert das Körper-
gewicht und senkt
den Blutzucker.
Sie wird roh mit Blättern
verzehrt - oder kommt
in die Suppe.

*„Pa konnte durch den
Mekong schwimmen,
weil er so gesund is(s)t.*

Lao-Zwiebeln sind das
Pendant zur Frühlingszwiebeln.
Sie wachsen zierlicher und
sind im Geschmack intensiver
als die deutsche Variante.

Es gibt über 60 Basilikumsorten
weltweit. Vans hat drei davon.
Den wilden, den dunklen und den
milden **Thai-Basilikum**. Sie werden für
verschiedene Gerichte verwendet.

Frau Vans' Laab Gai

Lauwarmer Hähnchensalat mit Klebreis und frischen Kräutern.

Zutaten:
4 Hähnchenbrüste
2 rote Zwiebeln
eine Hand voll Klebreis
Chili-Öl oder -flocken nach Geschmack
2 – 3 Chilis
1 große Zitrone
Koriander, Thai-Basilikum, Minze
2 – 3 EL Fischsoße

Zubereitung:
Die Hähnchenbrüste braten, sehr fein hacken. Die Haut bleibt traditionell dran; wen es graust, kann die Hähnchen vorher häuten. Den Klebreis in einer Pfanne anrösten, abkühlen lassen und fein malen. Die Kräuter feinhacken, Chiliöl, Chilis und Fischsoße zufügen und alles zusammen mischen. Zum Schluss in Ringe geschnittene Zwiebeln untermengen und mit Zitronensaft beträufeln. Auf Kohl- oder Salatblättern anrichten. Dazu passt Reis.

Laab Gai ist ein delikater, lauwarmer Salat aus gehacktem Fleisch mit frischen Kräutern. Traditionell wird das Gericht zumeist mit rohem Gemüse auf Salatblättern serviert.

„Chili ist das Allerwichtigste für uns!"

Wenn's von der Chili brennt – niemals mit Wasser löschen. Reis oder frische Gurke helfen besser.

Die **Indianerbanane** kommt aus Nordamerika, und wächst auch in Weinanbaugebieten Deutschlands. Sie kann mehrere Meter hoch werden, wächst aber auch im Kübel. Das cremige Fruchtfleisch schmeckt nach Ananas, Banane, Mango und Vanille. Und das schöne ist: Die Früchte stecken voller Vitamine und Mineralstoffe.

Frau Vans' Melonensuppe Nahm Dau:

Zutaten:
1 Wintermelone,
1 ganzes Hähnchen,
1 Stängel Zitronengras,
3 Lao-Zwiebeln
(wahlweise Frühlingszwiebeln),
1 TL Salz,
2 EL helle Sojasoße,
Koriander

Zubereitung:
Das Hähnchen zerkleinern und kochen. Nach einer Stunde die gewürfelte Melone und das klein geschnittene Zitronengras hinzugeben und 20 Minuten weiter kochen. Dann mit den Soßen und Salz abschmecken, das klein geschnittene Grün hinzu. Diese Suppe schmeckt auch mit Kürbis.

„Im Garten bin ich Gott näher **als in einer Kirche.**

Johannes (68) arbeitet noch immer als Diakon in der Seelsorge. In seinem Garten denkt er über philosophische Themen nach.

„Der Garten ist mehr für die Seele, nicht so sehr für den Magen.

Bei Johannes wächst alles Gemüse Richtung Himmel! Die Obstbäume stört es nicht und auf dem Boden gibt es mehr Platz.

„Die Natur korrigiert alle Fehler der Menschen selber.

Petropawl / Mamljut
Kasachstan

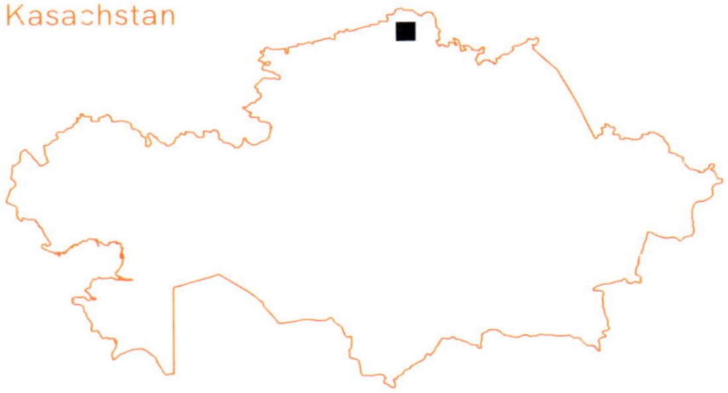

Wo Gemüse auf Bäumen wächst

In Johannes' Garten ist kein Fleckchen ungenutzt. Auf der Erde und aus Bottichen ranken Melonen, Kürbis- und Zucchinipflanzen; im Gewächshaus reifen die Tomaten. Die Obstbäume – Birnen, Pfirsich, Feige – stehen so dicht, dass man sich die schmalen Wege zwischen den Beeten entlangschlängeln muss. Wer die Bäume genauer in Augenschein nimmt, kann Kurioses erspähen: Sie dienen als Stütze für die meterlangen Ranken der Kürbisgewächse. Und zwischen den Baumkronen hat Johannes Stäbe befestigt, an denen sich die Pflanzen ebenfalls entlanghangeln. So mancher stattliche Kürbis thront auf einem Holzbrettchen im Geäst. Sogar Bohnen wachsen hier an Bäumen empor.

„Ich plane eigentlich nichts im Garten", lautet Johannes' Gärtnerphilosophie. „Ich lasse es wachsen, und Ideen kommen mir, wenn ich die Natur beobachte. Die Obstbäume stört es nicht, wenn die Gemüsepflanzen an ihnen hochwachsen, und sie haben jetzt eine neue Aufgabe. Und wenn ich Fehler mache, korrigiert sie die Natur schon selbst. Dann habe ich vielleicht weniger Ernte, aber das macht nichts." Seine Frau habe viel mehr Ahnung vom Garten als er; allerdings ist sie gerade mehr mit den Enkeltöchtern beschäftigt und macht sich im Garten etwas rar. „Sie kommt nur raus, um die Gurken zu finden, die sich überall zwischen den Büschen verstecken. Sie hat das Auge dafür!", lacht Johannes. Unübersehbar dagegen sind die bizarr geformten Trompetenzucchini. Sie haben sich einen abgeernteten Johannisbeerstrauch als Stütze auserkoren. Jung verarbeitet, verwöhnen sie den Gaumen mit ihrem milden Geschmack.

Johannes stammt aus Nordkasachstan. Als Geburtsort ist in seinem Pass die Region Petropawl/Mamljut vermerkt und „Inter MTS".
Das ist der Name der Motoren-Traktoren-Station, in der seine Eltern gearbeitet haben. Auch sein Geburtsdatum ist kurios – es wurde auf den 1. Januar festgelegt, dabei kam er bereits am 27. Dezember, dem Tag des Apostels Johannes, auf die Welt. „Die Beamten kamen nur selten vorbei und haben dann allen Kindern, die in einem gewissen Zeitraum geboren wurden, ein einheitliches Geburtsdatum verpasst", erklärt der „Mann mit den zwei Geburtstagen" die Gepflogenheiten in diesem riesigen, damals kommunistisch regierten Teil der Sowjetunion. Seine Mutter ist Deutsche; ihre Vorfahren waren aus Süddeutschland auf die Krim gekommen und in den 40er Jahren des vergangenen Jahrhunderts nach Kasachstan zwangsumgesiedelt worden. Der 68-Jährige erinnert sich, wie die Mama in ihrem süddeutschen Dialekt gesprochen hat, „und wir Kinder es auch verstanden haben. Geantwortet haben wir aber auf Russisch."

Johannes besuchte das Technikum im kasachischen Kostanai und studierte anschließend auf der Hochschule für Bauwesen in Moskau. Dort lernte er 1980 seine Frau kennen. Sie bekamen ein Kind, später ein zweites, und hatten Glück, dass Johannes' Mama sich um die Kinder kümmerte, sodass die jungen Eltern ihren Abschluss machen konnten.

Johannes arbeitete als Bauingenieur, doch es war schwer, die Familie auf redliche Art zu ernähren. Ihn störten die Mauscheleien und Vetternwirtschaft. Dies war jedoch nicht der Hauptgrund für eine neue Existenz in Deutschland. „Ich hatte nebenbei auch ein katholisches Kolleg besucht", erklärt er. „Ich suchte Antworten auf Fragen wie: ‚Was ist nach dem Tod?', ‚Was ist der Sinn unseres Daseins?' oder: ‚Was ist Wahrheit? Das, was in der Zeitung steht?'" Von Deutschland erhoffte er sich eine offene Diskussion über solche philosophischen Fragen. Doch er wurde enttäuscht; er vermisste eine spirituelle Offenheit und Menschen, mit denen er sich weiter entwickeln konnte. Johannes absolvierte eine Ausbildung zum Alten- und Krankenpfleger und war auch in der Palliativpflege tätig, was ihn immer wieder mit dem Tod konfrontierte. Berufsbegleitend ließ er sich zum Diakon ausbilden. „Gott erzieht jeden Menschen – im Rahmen dessen Möglichkeiten. Das lässt ihn an Krisen wachsen und reifen", so eine seiner Erkenntnisse. Natürlich sieht Johannes Gott auch in der Natur: „Wenn ich in meinem Garten bin, bin ich Gott näher als anderswo. Meine Hände machen die Arbeit von alleine, so bin ich geistig frei um zu meditieren, zu beten, oder auch mal Blödsinn zu treiben!"

Johannes' Zucchinipaste

Zutaten:
1,5 kg Zucchini, 250 g Möhren, 250 g Zwiebeln, 100 ml Pflanzenöl, 150 g Tomatenmark, 2 – 3 Knoblauchzehen, 50 ml Essig, 25 g Salz, 60 g Zucker, schwarzen und roten Pfeffer nach Geschmack

Zubereitung:
Zucchini, Zwiebeln und Möhren klein schneiden, in dem Öl leicht anbraten. Dann mit etwas Wasser garen lassen und mit einem Stabmixer pürieren. Nun werden Knoblauch und Essig sowie die Gewürze hinzugegeben und das Ganze noch einmal etwa 10 Minuten gekocht. Am besten mit einem Siebdeckel abgedeckt, damit es nicht spritzt, und das Rühren nicht vergessen, sonst hängt die Paste am Topfboden an. Abschließend die Masse in sterilisierte Gläser füllen. Passt zu Reis, Nudeln, oder auch als Brotaufstrich.

Die **Trompetenzucchini** nutzt den abgeernteten Johannisbeerstrauch als Rankhilfe.
Das hat den Vorteil, dass das Gemüse keinen Bodenkontakt hat und deshalb weniger anfällig für Fäule ist.

"Zum Düngen setze ich Jauche aus allen Unkräutern an. In einem Bottich mit Deckel lasse ich sie 1 – 2 Wochen ohne Sauerstoffzufuhr ziehen und spritze damit Gemüse und Bäume. Die nicht aufgelösten holzigen Reste kommen als Mulch auf die Beete.

Johannes' Hagebutten-Rezepte

Hagebuttentee – ganz einfach!
Die Früchte der Rose bei Bedarf säubern und von Blütenresten befreien. An einem trockenen Platz liegen lassen, bis sie getrocknet (eingeschrumpelt) sind. Etwa 3 TL Trockenbeeren pro Tasse in eine Kanne geben, mit heißem Wasser überbrühen und ca. 10 Minuten ziehen lassen.

Hagebuttenmarmelade – ebenfalls sehr leicht.
1 kg saubere Hagebutten für etwa 30 Minuten in 1 L Wasser kochen lassen. Durch ein Sieb über einem Topf streichen, um Haut und Kerne vom Fruchtfleisch zu trennen.
In die Hagebuttenmasse 1 kg Zucker einrühren und unter ständigem Rühren ca. 30 Minuten köcheln lassen.
In saubere Gläser füllen.

Verblühte Rosen schneide ich nicht weg, sondern benutze die Früchte für Hagebuttentee und -marmelade.

Johannes' Apfelchips

Zubereitung:
Für die Apfelchips nimmt Johannes noch unreife Äpfel. Das ist praktisch, da man nicht alle Äpfel auf einmal verarbeiten muß. Apfel entkernen, in 2–3 mm dünne Scheiben schneiden. Auf Backbleche legen und bei 70 Grad 3–4 Stunden trocken. Nach Belieben mit Zimt bestreuen. Mit Fliegengitter bedeckt geht es auch in der Sonne, da dauert es etwa 2–3 Wochen.

„Ich helfe allen **meinen Nachbarn!**

Toth ist die Hilfsbereitschaft in Person. Zusammen mit seiner Frau Klara hat er der Familie und Hund „Buffy“ einen zweiten Wohnsitz im Freien geschaffen.

Tarnaveni
Rumänien

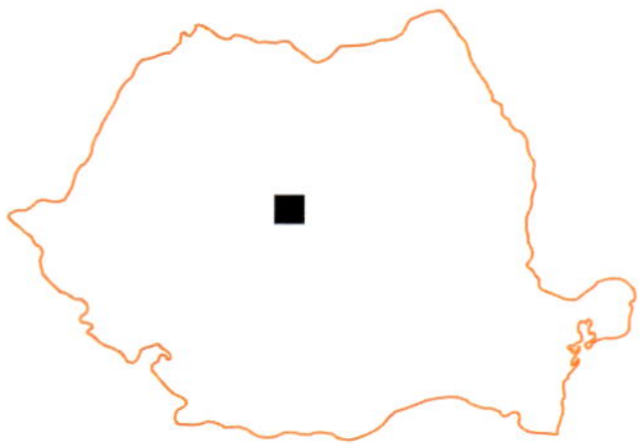

Ein Autoanhänger voller „Vignetten"

Klara und Toth sind aus Rumänien stammende Ungarn. Die beiden haben sich in ihrem Geburtsort Tarnaveni kennen gelernt und geheiratet, als Klara 17 war. Seit 9 Jahren leben der 43-Jährige, seit 7 Jahren die 35-Jährige in der Region.

Toths Elternhaus hat einen 5.000 Quadratmeter großen Garten. „Meine Mutter hat die Tomatenpflanzen immer nur gegossen, bis sie etwa 30 Zentimeter hoch waren. Dadurch wurden sie aromatisch und nicht wässrig", erinnert sich Toth. Noch funktioniert es im Westen Rumäniens, wo es viel regnet, aber aber auch dort werden die Sommer trockener. In den Urlauben ist Toth damit beschäftigt, das Haus auf den Stand der Zeit zu bringen. „Ich habe die Fassade verputzt, neue Fenster eingesetzt und das Dach neu gedeckt", berichtet der Ungar. Eines Tages möchten sie dorthin zurückkehren - wenn die Kinder Anita (17) und Ferenc (14), die noch in Rumänien geboren wurden und seit 6 Jahren in Mannheim leben, aus dem Haus sind. „Sie wollen nicht hier weg, haben ihre Schule und Freunde hier. Doch wir fürchten uns vor den Preissteigerungen", bekennt Klara. „In Deutschland wird es immer schwieriger werden; in Rumänien ist es das schon längst. Die Preise sind genauso wie hier, nur: Wer kann, wie mein Vater, der 45 Jahre lang gearbeitet hat, von 400 Euro im Monat leben? Oder, wenn man überhaupt eine Arbeit hat, eine Familie ernähren?" So erging es auch Toth, der sich als gelernter Gas-, Wasser- und Heizungsinstallateur nicht über Arbeitsmangel beklagen konnte. Doch der besseren Verdienstmöglichkeiten wegen siedelten sie nach Deutschland um. Toth hatte sofort Arbeit in seinem Beruf; Klara nahm einen Minijob als Putzhilfe an. Bei dieser Familie ist sie heute noch, auch Freunde fanden sie schnell. Die Integration klappte also.

Mit den Sprachkenntnissen haperte es allerdings zunächst. Toth erzählt: „Wir kamen gerade aus Rumänien mit einem Autoanhänger voller Gemüse. An der Grenze von Ungarn zu Österreich wurden wir gefragt, was darin sei. „Vânătă", habe ich auf Rumänisch geantwortet. Das bedeutet Auberginen; ausgesprochen klingt es jedoch ähnlich wie „Vignette". Da wunderten sich die Zollbeamten!" Doch das Pickerl war vorschriftsmäßig an der Windschutzscheibe, und Auberginen einführen ist schließlich nicht verboten. Auch, wenn es 80 Kilo sind. 3 Tage lang haben die beiden die Eierfrüchte gehäutet und eingefroren. Aus ihnen macht Klara den typischen Auberginensalat mit Mayonnaise. Klara und Toth hoffen, dass der Auberginenanbau künftig im eigenen Garten gelingt. Bisher hatten sie Pech. Dafür ist ihr Garten gemüsebunt, und die blassgelben ungarischen Paprika, runde schwarze Rettiche - sie schmecken schärfer und würziger als ihre weißen Verwandten -, Gurken, Rote Bete und Tomaten funktionieren umso besser. Toths rote Riesentomate - eine robuste Freilandsorte, die kein Gewächshaus braucht - hat es dieses Jahr auf über 2 Kilo gebracht. Zudem hellgrüne mittelscharfe und lila ultrascharfe Peperoni. „Ich müsste mehr Peperoni essen", grinst Toth. „Ich habe im Urlaub so zugenommen", bemerkt er und streicht sich über seine Rundungen. Scharfe ungarische Peperoni stehen thailändischen Chilis in nichts nach und bringen genauso ins Schwitzen. Gut für Kreislauf und Fettverbrennung! Körperlich ist Toth hinreichend agil. Er hat das Gartenhaus verputzt und der Terrasse eine solide Holzverkleidung verpasst, die Wege sind gefliest, und das Holzhüttchen im rumänischen Stil lädt zum Ausruhen und Kuscheln ein. Auch die Gartennachbarn wissen seine Fertigkeiten zu schätzen, und Toth ist immer zur Stelle, wenn jemand um Hilfe bittet.

Seit 3 Jahren erst bewirtschaften sie ihren Garten. In dieser Zeit haben sich die Riesling-, Muskat- und die rumänischen Rosé-Trauben prächtig entwickelt und letztes Jahr 80 Liter Wein hergegeben. Auf den Ertrag der Obstbäume müssen Klara und Toth noch warten, doch sie freuen sich darauf, im Schatten von Kirsch- und Pflaumenbaum auf ihrer Schaukel zu sitzen, derweil ihnen die Früchte in den Mund wachsen. Der kleine Birnbaum ist immerhin verrückt genug, noch im September einen Ast mit Blüten zu entwickeln. Wenn die zwei mit ihrem Malteserrüden „Buffy" durch die Gartenwege spazieren, haben sie schon öfter beobachtet, dass das Obst nicht geerntet wird und auf dem Boden verfault. „Und dann kaufen sich die Leute das Obst im Supermarkt. Das verstehe ich nicht", bemerkt Klara. Ob Toth Tipps für Gartenanfänger habe? Er überlegt einen Moment. Plötzlich strahlen seine wassergrünen Augen: „Ich komme und helfe!"

„Ich liebe Mammaliga mit Mozzarella. Der zieht so schön Fäden!

Hustensaft aus schwarzem Rettich

Ein großes Exemplar in 2 Hälften teilen und in jede Hälfte ein etwa 5 Zentimeter großes Loch schneiden. In eine kleine Schüssel setzen und die Vertiefung mit Zucker oder noch besser Honig füllen. Einige Stunden bis 1 Tag lang ziehen lassen und auslöffeln. Die Senföle wirken schleimlösend; Vitamin C bekämpft wirksam die Erkältung.

Rumänische Salatsuppe

Zubereitung:
In 2 L Wasser 1 kleine Zwiebel und 200 - 300 g Speck 10 - 15 Minuten lang kochen. Die Blätter von 2 - 3 Kopfsalaten und mehrere Zehen milden Knoblauch hinzugeben und 10 Minuten köcheln lassen. Mit Salz und Essig abschmecken und 100 ml Milch eingießen.

Die Suppe wird traditionell mit der sättigenden Beilage „Mammaliga" gegessen:

Mammaliga
750 g Polenta aufkochen. 300 g milden rumänischen Kuhmilchkäse (alternativ Mozzarella oder jungen Gouda) reiben und abwechselnd in eine Auflaufform schichten. Im Ofen bei geringer Hitze erwärmen, damit der Käse schmilzt.

Der **schwarze Rettich** ist die erste Rettichart, die gezielt angebaut wurde und bereits den alten Ägyptern und in der Traditionellen Chinesischen Medizin bekannt war.

Schwarzen Rettich schälen, salzen, eine halbe Stunde ziehen lassen und essen - ein gesunder Snack zum Bier. Hilft auch, wenn die Nase verstopft ist.

Die wohl größte **Tomate** in der Gartenanlage wächst bei Klara und Toth im Freien und ist robust gegen Regen.
Als größte Tomate der Welt gilt die Sorte „Gigantomo".

„Sicherheit ist für uns Arbeit und ein Platz, **an dem wir in Ruhe schlafen können.**

Sohn Ahmed und Vater Tiko genießen den Garten mit selbstgemachtem Fruchtsaft. Die beiden sind am häufigsten hier anzutreffen und übernachten auch mal gerne. Sogar im Winter. Dann füttern sie ihr Öfchen mit Kaminholz.

Idlib
Syrien

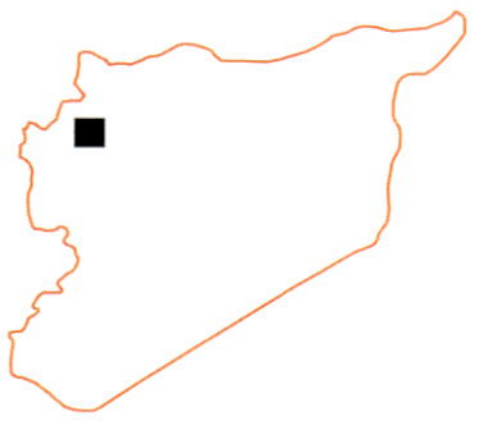

Ein stiller, aufmerksamer Umsorger

Tiko spricht nicht viel. Wenn er durch seinen Garten geht, tut er es mit Bedacht und Respekt. Hat er Gäste, umsorgt er sie und bietet Obst, arabische Süßigkeiten mit Dattelfüllung und seinen selbstgemachten Fruchtsaft an, eine im Sommer willkommene Erfrischung. Tiko (50) stammt aus der syrischen Stadt Idlib und ist mit seiner Familie vor sechs Jahren nach Deutschland geflohen. Den Garten im Sandgewann haben sie erst seit anderthalb Jahren. Dieser war in den 1970er Jahren sogar preisgekrönt, wovon eine Urkunde zeugt, die immer noch am Gartenhaus hängt.
Doch 11 Jahre lang war er brach gelegen, und es hatte viel Arbeit erfordert, ihn urbar zu machen. Umso erstaunlicher, was Tiko mit seinen Söhnen Ahmed (28) und Majid (26) geleistet hat: Im vorderen Teil des Gartens wachsen Bohnen, blassgrüne Zucchini, Flaschenkürbisse und Tomaten. „Die Samen für die Tomaten hat uns unsere polnische Gartennachbarin Teresa gegeben. Sie ist eine wahre Tomatenkönigin!" berichtet Ahmed. „Das übrige Gemüse haben wir aus syrischen Samen gezogen, damit es schmeckt wie in der Heimat."

Eine Heimat, die die Familie wohl nie mehr sehen wird. Dort war Tiko Beamter, seine Frau Hebamme, der ältere Sohn Ahmed studierte auf Lehramt, Majid besuchte das Technikum. Die Flucht von Tikos Familie – zu ihr zählt auch noch die damals erst 17-jährige Tochter Rajan – dauerte zehn anstrengende Tage. „Zunächst sind wir mit Rucksäcken, in die wir nur das Nötigste, vor allem aber Geld und unsere Papiere gepackt hatten, zu Fuß über die türkische Grenze gegangen", berichtet Ahmed. Das Geld war nötig, denn auf jeder Etappe mussten Schlepper (Ahmed spricht von „Maklern") bezahlt werden, und der Preis für deren Dienstleistungen war jeweils Verhandlungssache. 18 Stunden dauerte die Busfahrt nach Istanbul, wo sie tagelang auf den Weitertransport per Schiff nach Griechenland warten mussten. „Um vier Uhr morgens kam der Anruf, dass es losgeht", erinnert sich Majid, damals 20 Jahre alt. „Das Boot vor uns wurde erwischt, aber wir hatten Glück und kamen durch. Wir sind uns vor Freude in die Arme gefallen und haben gleichzeitig gelacht und geweint." In Griechenland half ihnen das Deutsche Rote Kreuz mit Decken, Essen und Trinkwasser. Ihr Ziel war von Anfang an Deutschland gewesen. Das Land galt als sicher, und sie hatten Freunde in Heilbronn und eine Verwandte in Mainz. Im Schwäbischen verbrachten sie die ersten beiden Jahre und lernten Deutsch. In Mannheim sind sie erst seit vier Jahren, doch alle haben Arbeit gefunden: Tikos Frau arbeitet in ihrem alten Beruf als Hebamme am Ludwigshafener Klinikum, Vater Tiko als Hausmeister; Ahmed hat die Ausbildung zum Erzieher abgeschlossen und arbeitet in einer Kindertagesstätte, während Majid Wirtschaftsinformatik und Schwester Rajan Pharmazie studiert.

„Wir waren in Syrien Nebenerwerbslandwirte mit Tieren und einem großen Garten mit vielen Obst- und Olivenbäumen", sagt Ahmed. „Leider sind viele davon eingegangen, weil sie während des Kriegs niemand versorgt hat", weiß Majid von den täglichen Handy-Gesprächen mit den Großeltern. Dass sie sie vielleicht nie wieder sehen werden, macht sie oft traurig. Umso mehr Energie und Liebe stecken sie nun in ihren Garten. Dort haben sie auch Südfrüchte wie Aprikosen und Khaki angebaut. Mit Wasser gefüllte und kleinen Löchern versehene Kanister garantieren eine kontinuierliche Wasserversorgung. „Das haben wir auch zuhause so gemacht",

> *Wir sind ab und zu traurig, weil wir unsere Großeltern vermutlich nie mehr sehen werden.*

erklärt Majid. „Und als wir durch eine Baustelle einige Tage lang kein Wasser im Garten hatten, haben wir uns daran erinnert." Für den Herbst haben sie sich den Anbau von Radieschen, Karotten und Petersilie vorgenommen. Nach erst anderthalb Jahren Gartenbau in einem fremden Klima ist vieles noch Experimentiersache. Während für Tiko, der über 40 Jahre lang in Syrien gelebt hat, das kriegsgebeutelte Land die Heimat bleiben wird, ist es für die Kinder mittlerweile Deutschland. Auch wenn Ahmed eine Damaszenerin geheiratet hat und Majid ein Mädchen aus seiner Heimatstadt Idlib, die er hier kennen gelernt hat. Sie haben bereits zwei kleine Kinder. Und diese werden hier leben und vielleicht eines Tages die unbekannte Heimat ihrer Eltern besuchen können.

Tikos Thymiansalat

Zutaten:
1 Salatgurke oder mehrere kleine Gartengurken, 4 Tomaten, 100 g Schafskäse, 2 EL Joghurt, 1 Handvoll frischen (im Winter getrockneten) Thymian und Oregano, Salz, Pfeffer, Olivenöl

Zubereitung:
Die Gurke schälen und das Gemüse klein würfeln. Thymian abzupfen, Oreganoblätter zerkleinern. Schafskäse und Joghurt unterheben, Pfeffer und Salz dazu, zum Schluss mit einem Schuss Olivenöl begießen, durchrühren und gerne etwas ziehen lassen. Dazu passt Fladenbrot:

Junge Bäume brauchen ständig Wasser. Dafür sorgen mit kleinen Löchern versehene Wasserkanister.

Mit dieser Methode kann man auch sehr trockene Wochen überbrücken.

„Im Sommer trocknen wir Pfefferminze, Zitronenverbene und -melisse für Tee sowie Thymian und Oregano zum Kochen für den Winter.

Fruchtsaft nach Tikos Art

Zutaten:
1 Teil Sauerkirschen entsteint, 1 Teil Erdbeeren, 1 Teil Zucker

Zubereitung:
Die Früchte mit dem Zucker zu einem Sirup aufkochen. Nach dem Erkalten mit Wasser aufgießen. Dieser Saft besticht durch seinen fruchtig-säuerlichen Geschmack und ist mit Eiswürfeln im Sommer eine unschlagbare Erfrischung.

"In meinem Garten sind Menschen und Tiere **gleichermaßen willkommen.**

Rina ist auf einem Selbstversorgerhof aufgewachsen. Kaufen mussten sie nur Zucker und Salz.

Crotone
Italien

Wenn Eidechsen auf dem Rasen tanzen

Den Garten von Rina umgibt eine besondere Aura. Wer in ihren Weg einbiegt, bleibt unwillkürlich dort stehen, wo gelber Sonnenhut üppig über den Zaun wächst. Eichhörnchen turnen hinüber; die Eidechsen scheinen sich verabredet zu haben, gerade diesen Garten zu besuchen. „Ich habe ein Video von den Eidechsen auf meinem Rasen gemacht. Es waren bestimmt 30 Stück, und sie haben zusammen getanzt“, freut sich Rina.

1987 hat die 77-jährige Kalabresin den Garten mit ihrem Mann Salvatore übernommen und zählt damit zu den Urgärtnern am Aubuckel. „Wir stammen beide vom Land“, erklärt Rina. „Ich bin auf einem Selbstversorgerhof großgeworden. Wir hatten Gemüse, Obst, Schweine, Ziegen, ein Pferd und einen Esel. Kaufen mussten wir nur Zucker und Salz.“ Italien der 50er Jahre! Da kannten sich die Familien, und der 11 Jahre ältere Salvatore hielt bei Rinas Familie um ihre Hand an. „Als die Sonne in seine grünen Augen fiel, habe ich ‚ja‘ gesagt. Ich war 16.“ Zudem war ihr Bruder in Salvatores Schwester verliebt; ihre Väter gingen zusammen auf die Jagd. So wuchsen und zogen die Familien zusammen. Damals war es auch üblich, dass die Söhne arbeiten gingen, um die Aussteuer für ihre Schwestern zu verdienen. Salvatore hatte gleich vier und war in Frankreich, später in der Schweiz auf Arbeit. 1962 heirateten Rina und Salvatore, da war sie 17. Zwei Jahre später kam die Tochter zur Welt. Und rasch darauf ein trauriger Abschied: „Wir sind nach Mannheim gezogen, und ich habe Carmela schweren Herzens bei meiner Schwiegermutter gelassen“, sagt Rina. Volle neun Monate war sie von ihrem Baby getrennt, um sich in Mannheim einzurichten. Salvatore hatte Arbeit, und Rina suchte sich welche. „Ganz allein“, sagt sie stolz, „habe ich bei einem Textilhersteller Arbeit gefunden. Ich habe mir ein kleines Wörterbuch gekauft und mich anfangs darüber verständigt.“ Doch sie blieb nicht lange dort – „als Landkind habe ich unter dem Lärm der Maschinen gelitten.“ Der anschließende Job in der Küche des Klinikums lag ihr da schon mehr.

Rina ist Perfektionistin in der Küche. „Wenn ich für Gäste koche, bin ich pingelig. Nie ist es gut genug“, seufzt sie. Auch gegenteilige Beteuerungen können sie nicht von ihren Selbstzweifeln abbringen! Viel von dem, was bei Rina auf den Teller kommt, stammt aus dem Garten: Lila-weiß gestreifte Auberginen, Zucchini, Tomaten, Gurken und Peperoncini – „scharf wie der Teufel!“.

Ein Blickfang ist der doppelstämmige Kirschbaum mit seinen sechs Ästen, die sich zu umarmen scheinen. Ebenso der Feigenhain. Richtige Bäume, die aus Stecklingen aus ihrer Heimat herangewachsen sind. Die Früchte isst oder verschenkt sie oder stellt daraus ihre köstliche Feigenmarmelade her, und wenn die Feigen nach einem Regen aufplatzen, dürfen die Vögel und Insekten ran. In Rinas Garten sind Mensch und Tier gleichermaßen willkommen. Auch Raritäten gibt es. Ein Pflaumenbaum aus Italien mit süßen, grünen Früchten. Er braucht etwa acht Jahre, bis er erstmals trägt.

„Wir haben zwei Jahre auf den Garten warten müssen“, sagt Rina. In den 80er Jahren galten Kleingärten als spießig und waren leicht zu haben, „aber es wurde vergessen, uns auf die Warteliste zu setzen.“ Damals habe es nicht viel mehr als zwei Birken auf dem Grundstück gegeben. Salvatore verlieh dem Garten sein märchenhaftes Gesicht mit den geschwungenen Wegen, runden Beeten, den anmutig gruppierten Bäumen und den Weinreben, während sich Rina um Carmela und den 1972 geborenen Robert kümmerte. Im Gartenhaus fand der erste Wohnzimmerschrank Platz und steht dort bis heute.

2007 starb Rinas Liebe Salvatore, und er fehlt ihr bis heute. „Er war immer sehr anspruchsvoll bei allem, was wir im Garten gemacht haben“, so Rina. „Nun musste ich alleine klarkommen, und heute mache ich noch so viel, wie ich kann. Natürlich ist es nicht mehr so schön wie früher.“ Ein Schmetterling, ein Admiral, heftet sich auf Rinas Kleid. „Er kommt jeden Tag. Sevcan aus dem Garten von gegenüber hat gesagt: ‚Das ist dein verstorbener Mann, der dich da besucht.‘“

Lampionblumen sind frohwüchsig, sehen hübsch aus und haben eine essbare Frucht, ähnlich wie Physalis.

Doch Vorsicht:
Auf der Innenseite des Kelchs um die Beere befinden sich Drüsen, die einen leicht giftigen Saft abgeben. Beim Öffnen kann der Saft auf die Beere übertragen werden. Daher vorsichtig öffnen und nur wenige Früchte verzehren.

Bittersalat an Nusssoße

Zubereitung:
2 Chicorée und einige Blätter Radicchio in Streifen schneiden und mit 1 TL Cashewmus, 1 TL Tahin, 2 EL Apfelessig, 1 gepressten Knoblauchzehe und Petersilie, einigen zerkleinerten Nüssen nach Wahl sowie 1 Schuss Johannisbrotsirup vermengen. Johannisbrotsirup gibt einen natürlichen Süßekick und ist auch für Diabetiker geeignet.

Die Lampionblumen stammen noch aus Salvatores Zeit. Einst hatte er sie Rina geschenkt. „Sie klappen 100 Prozent! Einmal da, kriegst du sie nicht mehr los. Sie sind winterhart und stellen kaum Ansprüche."

Gnocchi mit Salbei

Zubereitung:

Idealerweise am Vorabend 1 kg geschälte, mehligkochende Kartoffeln noch warm mit der Gabel zerdrücken. Tags darauf mit etwa 400 - 500 g Mehl (je nach Wassergehalt der Kartoffel), Muskatnuss, 100 - 200 g Parmesan, 2 Eidotter und 1 Ei verkneten. Zu Rollen formen, kleine Stückchen abschneiden und in kochendes Salzwasser geben. Hitze zurückdrehen; nach ca. 5 Minuten sind die Gnocchi fertig, wenn sie oben schwimmen. 1 Stück Butter und 1 EL Olivenöl in eine Pfanne geben, Salbei dazu, kurz anschwitzen, Gnocchi und 1 EL des Gnocchiwassers hinzufügen, schwenken.

Den **Salbei** verwendet Rina nicht nur zum Kochen, sondern auch als Medizin. Sie schwört auf seine schmerzlindernden Eigenschaften bei Schluckbeschwerden.

Überhaupt kann man Salbei als Wunderpflanze bezeichnen: Er bekämpft Viren und Bakterien, und für die alten Ägypter war Salbei ein probates Mittel gegen Unfruchtbarkeit. Die Druiden wiederum wollten mit Salbei gar Tote wieder erwecken.

Beim Kochen für meine Gäste bin ich pingelig. Es muss perfekt sein.

Knoblauch und Co. sind international:
Während vom Schnittknoblauch aus Ostasien, dessen Blüte hier gezeigt ist, und vom heimischen Bärlauch hauptsächlich die Blätter genutzt werden, steht beim Knoblauch aus Zentralasien die Zwiebel im Vordergrund. Er gehört zu den ältesten Kulturpflanzen überhaupt. Bereits vor 5.000 Jahren pflanzten die Ägypter die Zwiebelpflanze im großen Maßstab an. Beim Bau der Pyramiden erhielten die Arbeiter täglich eine bestimmte Ration Knoblauch und traten sogar in Streik, wenn er ihnen vorenthalten wurde, denn er schützte vor Infektionskrankheiten und der Auszehrung. Am meisten Knoblauch weltweit wird übrigens in China verbraucht. Knoblauch zwischen Erdbeeren gepflanzt hält Schädlinge fern; beide Pflanzen nähren und fördern sich gegenseitig.

Aus der Korkenzieherhasel hat Rina ein Kunstwerk gemacht:
Zum einen hat sie den Baum, damals für 39 D-Mark erworben, immer wieder geschnitten und geformt, damit man das Holz mehr sieht. Zum anderen hat sie ihn mit allem verziert, was sie gefunden und ihr gefallen hat. Den Eichhörnchen ist es egal; sie sind nur auf die Nüsse scharf.

Ich habe so viele Tiere im Garten, weil sie hier Unterschlupf finden und ich zum Düngen nur Brennnesseljauche verwende.

Wenn die **Cayuga-Trauben**, eine Sorte aus dem amerikanischen Weinbau, im Sommer reif sind, verwandeln sie den Garten in eine Duftoase. Auch der Geschmack ist duftig-parfumartig, was nicht jedermanns Sache ist. „Aber Frauen lieben sie!“, sagt Rina. Eine weitere Sorte, die die Italienerin kultiviert, ist die blaue Fragolino-Traube aus ihrer Heimat. Sie besticht, wie der Name (Erdbeerchen) besagt, durch ihren süßen, erdbeerähnlichen Geschmack.

„Die gemütlichste Zeit mit Freunden **haben wir bei uns im Garten.**

Sevcan und Barış haben sich den Garten auch wegen ihrer wilden Jungs zugelegt.

Gaziantep
Türkei

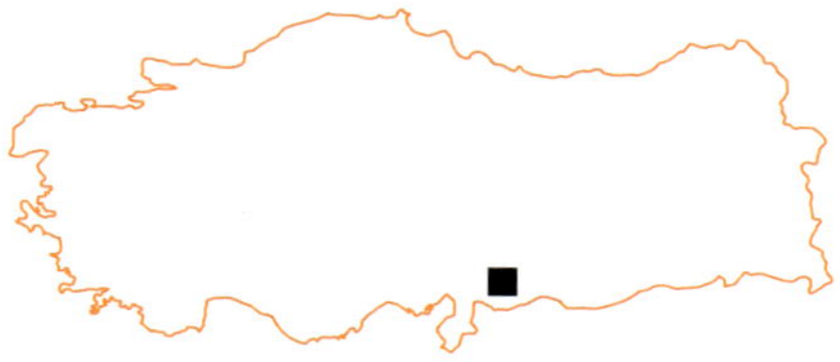

Den schwesterlichen Rat beherzigt – und es nicht bereut

Barış (50) spricht nicht viel. Umso mehr lächelt er. „Er ist Wassermann mit Aszendent Waage, die sind ruhig und reden wenig“, begründet das seine Frau Sevcan (49) und übernimmt den Redepart. Sevcan wurde in Mannheim-Neckarau geboren, „in derselben Klinik wie Steffi Graf!“ Ihre Eltern stammen aus dem türkischen Gaziantep nahe der syrischen Grenze; auch Barış kommt von dort. In den Urlauben kaufen sie dort ein und kommen dann mit Übergepäck zurück. „Ich kaufe Kosmetik, zum Beispiel reine Kernseife aus Olivenöl, die bekomme ich nur dort. Aber auch getrocknete Auberginen. Sie werden als ausgehöhlte Hüllen verkauft. Weil sie sehr zerbrechlich sind, mache ich sie feucht“, erklärt Sevcan. „Dann nehmen sie weniger Platz im Koffer weg, gehen nicht kaputt, und ich kann sie zuhause sofort einfrieren.“ Diese Hüllen füllt sie dann nach Belieben mit Reis und Hackfleisch.

Günstig und von guter Qualität sind auch die Gemüsesamen, die sie ebenfalls in der Türkei besorgt, in erster Linie Tomaten, Pepperoni, Gurken und Auberginen. Diese Gemüse sind aus Sevcans Küche nicht wegzudenken, deshalb zieht sie sie selbst und kann damit ihren Jahresbedarf decken. Sogar zum Einfrieren für den Winter reicht es. Die Qualität des Saatguts ist das eine; ihr gutes Händchen das andere: Im Gewächshaus biegen sich die schweren gelben Ananastomaten. „Die haben wir zum ersten Mal gepflanzt. Wir essen sie zum Frühstück, sie sind schön fleischig, aber der Geschmack hat mich ein bisschen enttäuscht.“ Auch Süßes liefert der Garten: Aus den Brombeeren habe sie 40 Gläser Marmelade gemacht, und der kleine Feigenbaum beschenkt die Familie mit ungeahnt vielen, großen Früchten. Sie hat ihn als Ableger von ihrer italienischen Freundin Rina aus dem Garten gegenüber bekommen.

Sevcan und Barış sind weitläufig verwandt und kennen sich schon lange aus Gaziantep. Irgendwann nahm ihre Schwester Sevcan beiseite und meinte: „Willst du ihn nicht mal näher kennen lernen? Er ist ein Guter.“ Sevcan beherzigte den schwesterlichen Rat und kam zum selben Schluss. „Ich habe es nicht bereut, du auch nicht, gell, Schatz?“ Barış lächelt bestätigend und drückt ihre Hand.
1992 heirateten sie, und nach Barış' Militärdienst folgte er ihr nach Deutschland, wo die beiden Söhne, heute 19 und 25, zur Welt kamen. Dafür hatte sie das Nest schon gebaut – eine Wohnung gemietet und eingerichtet. Die Jungs waren auch der Grund für den Garten: „Sie trainierten verschiedene Sportarten – trotzdem war es mit ihnen drinnen nicht auszuhalten!“
Das änderte sich 2007 mit dem Garten am Käfertaler Aubuckel. Dort konnten sie sich auspowern. Auf der großen Rasenfläche wurde Fußball gespielt, fanden Geburtstagsfeste statt, einmal mit Riesenwasserrutsche. Davon sei der Rasen kaputtgegangen, aber das war egal. „Und du hast mitgemacht“, sagt Barış lächelnd. „Klar. Ich musste ihnen doch zeigen, wie es geht!“, kontert Sevcan. Heute kommen beide Söhne immer noch gern her oder fragen: „Mama, dürfen wir den Garten haben?“. „Dann müssen wir raus“, lacht Sevcan. „Aber hier weiß ich sie gut aufgehoben, und sie müssen kein Geld in Cafés ausgeben.“

Während der in sich ruhende Barış – sein Name bedeutet Frieden – als Chemiefacharbeiter in der Produktion arbeitete, ist das Temperamentsbündel Sevcan im Gebäudemanagement tätig.
Als sie diesen herausfordernden Job annahm, musste sie sich viel Wissen aneignen und auch ihre Kollegen anlernen. „Ich habe nicht nur das dicke Anleitungsbuch durchgeackert, sondern jeden Tag Gott um Kraft gebeten“, sagt Sevcan. Beten gehört zu ihren täglichen Ritualen. „Ich danke Gott für mein Leben, meine Gesundheit und die meiner Familie. Und ich bitte ihn, uns vor Unglück und dem bösen Blick zu beschützen“ – so etwa lautet eins ihrer Gebete. Sevcan und Barış sind Aleviten, Anhänger Alis, eines Cousins des Propheten Mohammed. Für diese Glaubensrichtung spielen Nation und Religion keine Rolle, und die beiden sind froh, nicht unter den derzeitigen politischen Gegebenheiten in ihrem Heimatland leben zu müssen. Sevcan über das Beten: „Ich bete wann und wo ich will, aber immer still. Es geht niemanden etwas an. Wenn ich höre, dass jemand verstorben ist, bete ich dafür, dass er einen guten Platz bei Gott bekommt.“ Ob Barış auch betet? Er lächelt verneinend. Das übernimmt Sevcan für ihn. Lieber macht er sich derweil am Schuppen zu schaffen, um einige Gegenstände zu reparieren.
Auf seine ruhige, stillvergnügte Art.

Gibt es doch mal Läuse am Gemüse, spritze ich Neem-Öl: ein hochwirksames biologisches Schädlings-bekämpfungsmittel.

Lavendel wirkt auch auf die Psyche: Wer einige Minuten an den Blüten schnuppert, kann besser einschlafen und entspannen. Das liegt daran, dass Lavendel die Konzentration des Stresshormons Cortisol senkt. Ein Balsam für die Haut ist ebenfalls unaufwändig herzustellen: 2 EL frische oder getrocknete Lavendelblüten mit 200 ml Oliven-, Jojoba- oder Arganöl aufgießen, etwa 3 Wochen dunkel stellen und abseihen.

Lavendel auf etwas Räucherkohle verbrennen. Es duftet herrlich und vertreibt die Stechmücken.

Botanisch gesehen ist die **Aubergine** eine Frucht. Sie sollte nicht im Kühlschrank gelagert werden, da es dort zu kalt ist. Auberginen lassen sich prima einfrieren, wenn man sie grillt, bis die Haut schwarz wird, und diese dann abzieht.

Gegrillte Aubergine mit Tomate

Zutaten:

3 Auberginen
2 mittelgroße Zwiebeln
2 rote Spitzpaprika
1 grüne Paprika
5 mittelgroße Tomaten
2 Zehen Knoblauch

Zubereitung:

Zwiebeln und Paprika kleinschneiden und ca. 10 Minuten in Olivenöl anbraten, danach die ebenfalls kleingeschnittenen Tomaten zugeben und einige Minuten weiter braten. In der Zwischenzeit die Auberginen grillen, bis die Haut schwarz ist, und die Haut abziehen. Den Knoblauch fein schneiden (nicht pressen), beide Zutaten hinzufügen und ein paar weitere Minuten braten. Mit glatter Petersilie garnieren. Dazu passt Reis.

Sevcans Energie-Shot

Zutaten:

1 große Ingwerwurzel, gerieben,
5 - 6 schwarze Pfefferkörner,
1 Zimtstange, 5 - 6 Nelken,
1 Zitrone ausgepresst, 2 EL Honig

Zubereitung:

Alles bis auf den Honig in 2 L Wasser für 15 Minuten kochen. Abseihen, etwas abkühlen lassen und den Honig einrühren. Das Getränk stärkt die Abwehrkräfte, bringt den Stoffwechsel auf Touren und ist ein Fettverbrenner.

„Ich wollte unbedingt einen Garten.
Weniger zum Arbeiten als zur Erholung!

Gleich vier Familienmitglieder bewirtschaften diesen Garten am Stollenwörthweiher: Marek, Karolina und deren Eltern Bogumila und Leszek. Mops Maciek braucht immer Hautkontakt.

Krynica Zdrój
Polen

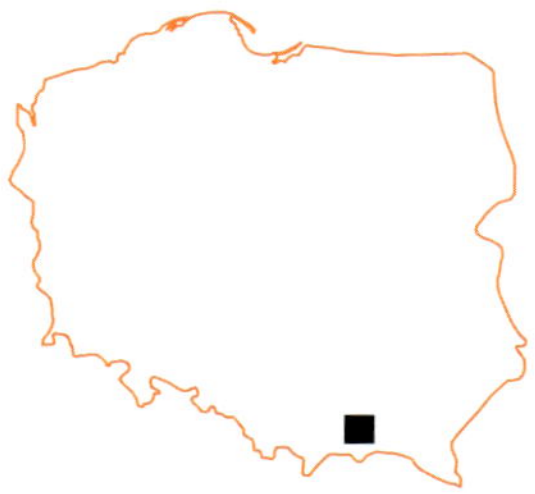

Bohnen mit himmlischen Zeichen

Wie finden zwei Gläubige zueinander? Auf einer Pilgerreise natürlich! Doch der Reihe nach. Sowohl Karolinas (34) als auch Mareks (36) Eltern stammen aus dem südpolnischen Krynica Zdrój. Dort wurde auch Marek geboren, der erst durch seine Heirat mit Karolina nach Deutschland kam, während sie in Mannheim das Licht der Welt erblickte. Ihre Eltern Bogumila und Leszek leben seit 1981 in Deutschland. Leszek hatte damals die Gelegenheit, über seinen Arbeitgeber nach Deutschland zu kommen, genutzt - gerade in einer Zeit, in der es in Polen äußerst schwer zu leben war. Sie ermöglichten ihrer Karolina das Studium der Medizin und Zahnmedizin, und gegenwärtig absolviert sie die fachärztliche Ausbildung in Mund-, Kiefer- und Gesichtschirurgie am Klinikum in Ludwigshafen.

Purer Zufall oder göttliche Fügung - die beiden gläubigen jungen Leute machten im selben Jahr, nämlich 2012, eine Pilgerreise zur Schwarzen Madonna nach Tschenstochau. „Meine Freundin und ich sind zur Wanderung aufgebrochen, um Gott um einen Mann zu bitten", gibt Karolina unumwunden zu. In 9 Tagen legen die Wanderer 240 Kilometer zurück, wobei immer gruppenweise nach Region gelaufen wird. Das ist in der Regel immerhin ein Pulk von 300 bis 400 Pilgern. Doch Karolina und Marek fanden sich und kamen ins Gespräch; am Ende des Wanderns stand eine Verabredung. Die Fürbitte war also erhört worden. Fortan hielten sie Kontakt übers Internet; die Sommer-Semesterferien verbrachte Karolina in Polen, Marek kam im Winter nach Deutschland auf Besuch. Als Gärtner hatte er in den Wintermonaten wenig zu tun. 2018 heirateten sie in Krynica, und Marek zog zu Karolina nach Deutschland. Marek hat gerade eine Ausbildung im Garten- und Landschaftsbau begonnen. „Ich war zwar gärtnerisch tätig gewesen und habe viel von meinem Vater gelernt, aber einen anerkannten Abschluss habe ich nicht", begründet Marek.

„Karolina wollte schon als Kind einen Garten", sagt Bogumila. „Doch wir haben die Sommer ja immer in Polen verbracht und hätten uns nicht kümmern können." Marek war über ihre Idee ebenfalls nicht begeistert: „Auch noch in meiner Freizeit Gartenarbeiten verrichten, fand ich nicht so attraktiv", sagt er. Doch in der Corona-Zeit, als sogar das Draußensein reglementiert war, konnte Karolina ihren Willen durchsetzen und ihre Familie für die Parzelle im Kleingärtnerverein Mannheim-Süd (Stollenwörthweiher) begeistern.

Viel mitarbeiten kann sie nicht; dafür ist sie beruflich zu stark eingespannt. Aber sie erholt sich beim Zusammensein mit der Familie und lacht über Mops Maciek, der gern die Flugzeuge am Himmel über „seinem" Garten anbellt und noch lieber in ihrem Schoß vor sich hinschnarcht. Ihr Bruder Mateusz lässt sich selten im Garten blicken, „nur dann, wenn wir den Grill anmachen", lacht Bogumila.

Obwohl die Vier den Garten erst seit drei Jahren haben, ist er nicht nur ertragreich, sondern auch eine Augenweide: Denn Marek hat sich natürlich doch eingebracht und für blühende Blickfänge gesorgt: So begrüßt ein Blumenkorb den Besucher am Eingang des Gartens; auf der Wiese steht ein übermannsgroßer Bär, über und über mit Begonien und Sukkulenten bestückt. Marek lüftet das Geheimnis der vertikalen Pflanzung: „Das Gittergestell in Bärenform befülle ich mit Erde und wickle eine Folie darum. Sie hält die Erde feucht und in Form. Danach dünge ich und setze die Pflanzen dicht an dicht ein." Am Ende des Gartenjahres, wenn es für die Sukkulenten zu kalt wird, bringt sie Marek in Obstkisten zum Überwintern in das dann leere Gewächshaus.

Auch mit Gemüse ist der Garten dank Bogumilas und Leszeks fleißigen Händen und vielleicht auch mit etwas Hilfe „von oben" reich gesegnet: „Wir hatten so viele Tomaten, dass es zum Einkochen für den Winter gereicht hat", sagt Bogumila. Ohnehin ist für die kalte Zeit mit Rosen- und Grünkohl vorgesorgt; die Buschbohnen werden im Herbst ein zweites Mal tragen, und die polnischen Himbeeren können bis zum Frost geerntet werden. Apropos Bohnen: Hier wächst auch die so genannte Monstranzbohne, um die sich eine göttliche Legende aus dem Dreißigjährigen Krieg rankt: Es heißt, dass ein fränkischer Pfarrer die Monstranz, um sie vor Plünderern zu retten, in einem Erdloch vergrub. Um sich die Stelle zu merken, gab er Bohnensamen mit hinein. Die Pflanzen wuchsen heran, und seit dieser Zeit tragen die Bohnen eine filigrane schwarze Zeichnung, Zeichen des Himmels. Gott sollte also gut gestimmt sein, diese Familie und ihren Garten zu beschützen.

„Barszcz czerwony“

Dieser Zungenbrecher ist eine Gemüsesuppe aus Roten Beten. Es darf alles rein, was der Garten hergibt.

Zubereitung:
Basis: *2 Knoblauchzehen, 60 g Karotten, 20 g Lauch, 150 g Kartoffeln geschält und klein geschnitten mit 2 Lorbeerblättern und 3 Pimentkörnern in knapp 1 L Gemüsebrühe etwa eine halbe Stunde köcheln. 0,5 kg Rote Bete separat mit 2 EL Essig und 1 TL Zucker ebenfalls weichkochen.*

Erst zum Schluss die rote Bete mit der Brühe zum übrigen Gemüse geben, 2 feingeschnittene Dillstängel, Salz, Pfeffer und vor dem Servieren saure Sahne nach Geschmack hinzufügen. Mögliche weitere Gemüsezutaten: 40 g Knollensellerie, 30 g Petersilienwurzel, 5 getrocknete Steinpilze, 150 g gekochte weiße Bohnen, 50 - 100 g grüne Bohnen.

Gelbe Buschbohnen sind sehr ertragreich und einfach anzubauen: Sie wachsen niedrig und müssen nicht an Stangen gezogen werden. Da sie sehr zart sind, machen sie sich auch, kurz angedünstet, gut in Rohkostsalaten.

Himbeeren der polnischen Sorte „Polana" reifen noch einmal spät, und können bis zum Einbruch des Winters geerntet werden.

Einem alten Glauben nach hat die Braut in der Ehe das Sagen, wenn sie bei der Hochzeit folgendes Sprüchlein aufsagt: „Ich hab Senf und Dill, mein Mann muss tun, was ich will, wenn ich rede, schweig du still."

Die Samenstände des **Dills** nutzt Bogumila als Zutat für die Salzgurken und wenn sie Sauerkraut macht.

Der Hochzeitslikör aus Aroniabeeren von Karolina und Marek

Zubereitung:
600g Aroniabeeren mit 200 Sauerkirschblättern in 1,5L Wasser 20 Minuten kochen. Vom Feuer nehmen, 550g Zucker und 20g Zitronensäure zugeben, vermengen und nochmals aufkochen. Nach dem Abkühlen 0,5L Alkohol zufügen. Abseihen und in Flaschen füllen.

> Blaubeerpflücken in Polen: Davon habe ich ein Kindheitstrauma! Im Garten ist es Gott sei Dank überschaubar.

Blaubeerkuchen

Zutaten:
300g Blaubeeren,
180g Butter, weich und zerstückelt,
50g Zucker,
20g Vanillezucker,
4 Eier,
150g Joghurt,
320g Mehl,
0,5 Päckchen Backpulver

Zubereitung:
Butter, Zucker und Vanillezucker schaumig rühren. Eier und Joghurt hinzufügen und weiter rühren. Mehl mit Backpulver vermischt hinzu, auf kleinerer Stufe verrühren. Zum Schluss die Blaubeeren unterheben. Alles in eine gefettete Kastenform geben und bei 180 Grad 1 Stunde backen.

Ich konnte dieses Jahr keine Tomaten mehr sehen!

Hier werden die **Sukkulenten** für Mareks Gartenkunst kultiviert und überwintert. Es gibt an die 10.000 Arten; zu ihnen zählen Aloe Vera, Agave und die Kakteen. Da sie genügsame Pflanzen sind, sollten sie erst gegossen werden, wenn die Erde trocken ist. Niemals sollte Wasser in der Blattrosette stehen bleiben.

Zeichen des Himmels auf den Bohnen?
Die Legende behauptet es.

Himmels-, Engels- oder Monstranzbohne – diese Stangenbohne mit der wunderschönen Zeichnung hat nicht nur viele Namen, es ranken sich auch einige Legenden um sie. Eine von ihnen soll sich zur Zeit des Dreißigjährigen Krieges im unterfränkischen Merkershausen zugetragen haben. Um die Monstranz, das Gefäß für die Hostien, vor den anrückenden schwedischen Truppen in Sicherheit zu bringen, vergrub sie der Pfarrer und legte einige Bohnensamen mit in das Loch. Der Ort wurde zerstört, der Pfarrer getötet. Überlebende wunderten sich über das markanten Muster der Bohnenkerne, gruben an der Stelle und fanden die Monstranz.

Heute werden sie gern als Glückssymbol an geliebte Menschen verschenkt.

„Viele Pflanzen entscheiden selbst, **wo sie wachsen wollen.**

Sandra findet für alles im Garten eine Verwendung – für sich und für die Tiere.

Addis Abeba
Äthiopien

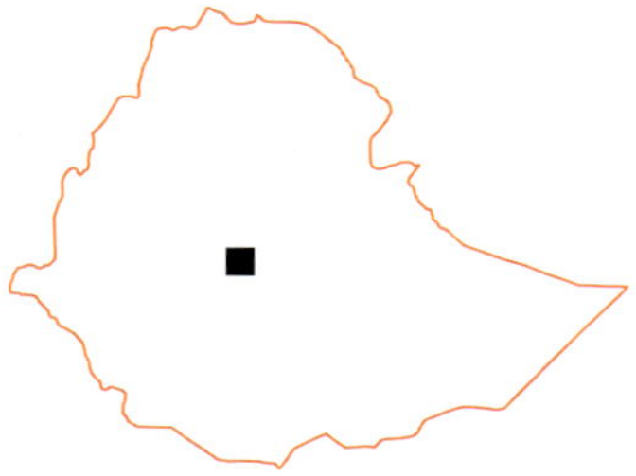

Englisches Flair im Mannheimer Osten

Gartenchefin Sandra – „Ich bin hier nur geduldeter Gast," sagt Ehemann Lothar augenzwinkernd – verbrachte die ersten Lebensjahre in England. Und das sieht man ihrem Garten an: mit Steinen eingefasste, geschwungene Beete, Bäume in Gruppen, romantische Rankpflanzen ... Doch der Reihe nach. Mit sieben verließ Sandra die ihrer Ansicht nach „schönste Stadt der Welt" London, weil die Familie nach Äthiopien ging. Der Vater stammt von dort, die Mutter aus Heppenheim an der Bergstraße. Sie führten ein offenes, internationales Haus – die Mutter arbeitete für die UNO – und Sandra wuchs mit Englisch, Deutsch und Amharisch auf. Ihre Studentenzeit als Stipendiatin der Uni Heidelberg genoss sie in vollen Zügen, denn sie war streng erzogen worden, hatte viel lernen müssen und weniger Freiheiten als ihre Brüder gehabt. Nach dem Abschluss als Diplom-Übersetzerin heiratete sie den Lehramtskandidaten Lothar. „Hast du Kaffee gemacht?" fragt er. Nein, hat sie nicht; viel wichtiger ist es, den Garten zu zeigen und zu erzählen. Sandra liebt Natürlichkeit, reißt aber auch rigoros raus, was sich zu breit macht. Sie pflanzt mit Bedacht, damit immer etwas blüht, akzeptiert aber, wenn eine Pflanze partout nicht dort wachsen will, wo sie es geplant hat. Wie der Muskatellersalbei. Der hat seinen eigenen Kopf und gedeiht aus einer Bodenritze unter dem Terrassendach. Es scheint ein Sinn darin zu liegen, weil sich die dicken blauschwarzen Holzbienen, gerade ihren Brutröhren oberhalb entschlüpft, wie wild auf ihn stürzen. Ihre Kinderstube ist ein selbstgebautes Insektenhotel aus Schwemmholz. Das hat Lothar am Rheinufer gesammelt, um seine Kunstobjekte aus alten Werkzeugen damit zu kombinieren.

Dass diese Kombi klasse aussieht, beweisen die Werke, die allenthalben im Garten zu sehen sind: Da sind hundert Jahre alte rostige Engländer oder Schmiedezangen, Schraubenschlüssel, aber auch Fahrradketten und Hufeisen zusammen mit Holz zu Stelen gefügt, die die beiden „Baumstämme" nennen. Natürlich gibt es auch echte Bäume: eine kleine verträumte Hängebirke auf dem Rasen und meterhohe Blühsträucher, die das Haus umgeben und Schatten spenden. An einen Flieder schmiegt sich ein echtes Salomonssiegel. „Das habe ich aus dem Garten meiner Großmutter in der Westpfalz", sagt Lothar. „Dann denke ich immer an sie." Unterdessen ist der Kaffee fertig, und den gibt es nach äthiopischer Art mit einem würzigen Blättchen Weinraute darin. „Aber nicht essen!", warnt Sandra. Die Weinraute, die in keinem Klostergarten fehlen darf, gilt auch als Giftpflanze.

Bevor die beiden Anfang der 90er Jahre in Mannheim ankamen, lebten sie ein halbes Jahr in Brasilien. Dort schrieb Lothar seine Doktorarbeit. Außerdem wohnte das Paar in etlichen norddeutschen Städten, eben dort, wo Lothar eine Anstellung als Lehrer fand. Sandra hatte immer einen Job – und einen Garten am Haus. Nur in Mannheim nicht. Der Pachtgarten östlich der Innenstadt in Neuhermsheim war praktisch, weil in Fahrradnähe, denn Sandra fährt alles mit dem Rad. Nicht nur den Garten gestalteten Sandra und Lothar nach ihrem Gusto; auch das Fachwerk am Steinhaus erhielt einen pittoresken blauen Anstrich.

> *Das Salomonssiegel aus dem Garten meiner Großmutter erinnert mich immer an sie.*

Unlängst hat Sandra Rosen gepflanzt. Die dürfen schließlich in keinem englischen Garten fehlen. „Das Schöne am Garten ist – man kann alles irgendwie verwenden", sagt Sandra. „Bananenschalen gebe ich z. B. an die Rosen, weil sie ein toller Dünger sind." Und natürlich gibt der Garten auch allerhand zurück. So macht Sandra Feigenmarmelade, Holunderblütensirup, backt Holunderblüten aus, stellt Pfefferminzessig her. Kartoffeln, Tomaten und Zucchini will sie heuer ebenfalls ernten.

Inzwischen haben die beiden den Garten seit 20 Jahren. Und gestalten ihn weiter. Sandra (68) und Lothar (73) haben viel Power und mindestens genauso viele Ideen.

Der **Muskatellersalbei** sollte eigentlich an anderer Stelle wachsen, wollte aber nicht. Jetzt ist er zurück an alter Stelle, wo es ihm wieder blendend geht.

Sandras Pfefferminzessig

Zubereitung:
Blätter von etwa 10 Pfefferminzstängeln mit 1 L Wasser aufgießen. 0,75 L weißen Tafelessig hinzufügen. Mit einem Teller beschweren und 8 Tage lang ziehen lassen, zwischendurch umrühren. Abseihen, und pro Liter Sud 1 kg Zucker zugeben. In einem Topf erhitzen und 20 Minuten kochen. Danach auf Flaschen ziehen und verkorken.

Schon Hildegard von Bingen, berühmte Heilpflanzenkundlerin des Mittelalters, empfahl **Muskatellersalbei** gegen Magenprobleme. Wer mag, kann ihn heute aber auch zum Aromatisieren von Weißwein verwenden: Einige Blüten etwa eine Woche in trockenem Wein ziehen lassen und danach abseihen. Dies soll ihm einen zarten Muskatellergeschmack verleihen.
Ein aufgehängter Topf mit Löchern im Boden bewässert gleich die Pflanzen darunter mit.

Insektenhotels baut man am besten aus Schwemmholz. Das ist durch jahrelanges Treiben im Wasser schön mürbe, und die Tiere können sich die Röhren nach ihrem Bedarf selber ausbauen.

Der **„Baumstamm“** von Lothar aus alten Werkzeugen hergestellt dient als Kletterhilfe.

„Wer Eidechsen im Garten möchte, schafft ihnen mit einem Steinhaufen einen perfekten Lebensraum.

Die **Weinraute**, auch Amarettokraut genannt, dient in Äthiopien traditionell der Verfeinerung von Kaffee. Nur ein Blättchen für fünf Minuten in der Tasse verstärkt das Kaffeearoma und gibt ihm eine Note von Amaretto. Und in der klassischen äthiopischen Gewürzmischung „Berbere“ ist Weinraute ein unverzichtbarer Bestandteil.

Verblühte Narzissen binde ich zu Zöpfen auf – weil es schöner aussieht, und sie später leichter abzuschneiden sind.

Hier wird alles getrocknet!
Die trockenen **Taglilienblätter** im Korb holen sich Krähen zum Nestbau.

Und die blühenden Taglilien erfreuen nicht nur das Auge. So sind in der chinesischen Küche die Knospen seit Jahrtausenden eine leckere Zutat in vielen Gerichten.

Sandras Holundermarmelade

Zubereitung:
1 kg Holunderbeeren mit wenig Wasser kurz aufkochen, durch Haarsieb pressen. Gleiche Menge Gelierzucker 1:1 hinzufügen. Je ein 0,25 TL Kardamompulver und Zimt untermischen. Unter ständigem Rühren ca. 30 Minuten köcheln lassen. In saubere Gläser füllen.

EINFACH
RUHIG BLEIBEN
IHRE
MAJESTÄT DER
GÄRTNER
REGELT DAS

„Ein Garten ist wie **eine Spardose ohne Boden.**

Ingrid und Michael teilen sich den Garten seit 30 Jahren – er zieht Obst und Gemüse, sie sorgt für Blütenpracht und Buddhas. Und Pumuckl, die Schildkröte, büxt gerne aus.

Der **zweigeteilte Garten:**
links Ingrids Reich,
rechts die Hochbeete von Michael.

Gekeimte **Kartoffeln** von
Freunden sammeln – dann hat man
immer verschiedene Kartoffelsorten!
Eine gekeimte Knolle ergibt
8 bis 10 neue Kartoffeln.

*„Sägespäne und zerkleinerte Eierschalen auf die Beete.
Das unterdrückt Unkraut, hält den Boden feucht
und die Schnecken fern.*

Mannheim
Deutschland

Die dritte Generation am Start

Den Garten von Ingrid und Michael verlässt man schlauer, als man ihn betreten hat. Die beiden bewirtschaften den Pachtgarten bereits in zweiter Generation und geben ihr in Jahrzehnten erworbenes Wissen gern weiter.

Michael ist quasi reingewachsen. Sein Vater bearbeitete das Grundstück schon vor dem Krieg. „Hier standen Obstbäume, darunter der größte Kirschbaum in den Sellweiden, viele Stachel- und Johannisbeersträucher, und ein kleines, selbstgebautes Steinhaus," weiß Michael.

Nach dem Krieg litt Mannheim unter immenser Wohnungsnot und großem Bedarf an günstigen Lebensmitteln. Die Stadtverwaltung versuchte die größte Not zu lindern, indem sie das damalige Ackerland in den Sellweiden in Parzellen aufteilte und interessierten Bürgern zur Verfügung stellte – in erster Linie für die Selbstversorgung.
Michael erinnert sich, wie er als Jugendlicher dem Vater zur Hand gehen musste: „Dann hieß es: ‚Michael, morgen hilfst du mir, die Kartoffeln rauszumachen!'" Für ihn war der Garten eher eine lästige Pflicht. Daher war er froh, als sich allmählich der Lebensstandard erhöhte und die Versorgung mit Lebensmitteln verbesserte. Und mit der Zeit verschwand der Garten ganz aus Michaels Wahrnehmung. Er konzentrierte sich auf sein Berufsleben, und dann lernte er Ingrid kennen. 1985 heirateten die beiden; zwei Jahre später wurde Tochter Jessica geboren. Und damit kam auch wieder der Garten des Vaters ins Spiel. Der Zeitpunkt war günstig, denn diesem wuchs die Arbeit mit seinen zweiundsiebzig Jahren mehr und mehr über den Kopf. Schweren Herzens entschloss er sich 1991, den Pachtvertrag auf Michael zu überschreiben.

In den folgenden Jahren veränderte der Garten stetig sein Gesicht. Das Steinhaus wich einem Größeren aus Holz. Einen Teil des Nutzgartens widmete die Familie in eine Spielfläche für Jessica mit Sandkasten und Planschbecken um. Jessica, heute Mitte dreißig, rückblickend: „Die Sommer hier draußen waren Freiheit und Abenteuer pur. Und hatten wir Kinder Lust auf Himbeeren, gab es immer einen Nachbargarten, wo wir naschen durften." Auch in ihren Jugendjahren spielte der Garten keine große Rolle, doch inzwischen hat sie ihn wieder entdeckt und ist gern hier draußen. Dann hilft sie Ingrid beim Unkraut jäten oder bringt Blühpflanzen mit, die sie gemeinsam einsetzen. Denn Blumen, vorzugsweise in lila, rosa und rot, sind Ingrids Domäne. „So ein Garten ist wie eine Spardose ohne Boden", lacht Ingrid. „Es gibt immer was zu tun, und meistens kostet das nicht nur Kraft, sondern auch Geld!" Die Mühe zahlt sich trotzdem aus. Michael ist der „Gemüsebauer", und seine Hochbeete versorgen die Familie mit Gemüse in allen Farben, Rosenkohl und Salat – fast das ganze Jahr über. Und dem größten Feind des Gartens, den Schnecken, rückt Michael nachts mit seiner LED-beleuchteten Kappe zu Leibe. Wie er sie entsorgt, verrät er nicht. Vielleicht will man es aber auch nicht so genau wissen …

Im Sommer leben Ingrid und Michael ganz hier draußen. „Doch wir haben ja auch unsere Wohnung zu versorgen", sagt Ingrid. Sie spürt, dass sie langsam an ihre Arbeitsgrenzen kommt. „Früher habe ich den Garten in zwei Tagen sommerfit gemacht. Heute brauche ich eine ganze Woche". Doch mit Jessica bringt sich langsam die dritte Generation in Stellung: „Ich habe Ideen, wie ich mehr Frische in den Garten bringen möchte. Mehr natürliche Formen, weniger die traditionelle Geradlinigkeit der deutschen Gärten. Doch es muss praktikabel für meine Eltern sein", betont sie. „Und mein Kleiner muss sich weiterhin wohlfühlen." Der Kleine ist 22 Jahre alt, hat vier Beine und einen Panzer. Obwohl er nur grünes Gemüse wegen des geringen Zuckergehalts fressen sollte, schielt er von Jessicas Schoß aus auf die Schüssel mit Erdbeeren.

Hochbeete sind gut für den Rücken, die Schnecken kommen aber auch hoch.

Ingrids Rote Bete in Sahne-Meerrettich-Soße

Zubereitung:

Frische Rote Bete im Topf mit Wasser kochen. Etwas Essig und Zucker zufügen – das nimmt den Knollen den erdigen Geschmack. Noch warm schälen. Am besten dafür dünne Einmal-Handschuhe anziehen, sonst werden die Hände rot!

1 Becher süße Sahne mit frischem geriebenem Meerrettich aufkochen. Die in Scheiben geschnittenen Rote Bete mit etwas Gemüsebrühe, Pfeffer und Salz dann hinzugeben und zusammen leicht einkochen, damit die Soße schön sämig wird.

Je nach Geschmack mit feingehacktem Schnittlauch, Dill oder Petersilie garnieren.

Den Rost mit rohen Kartoffeln einreiben. Dann brennt das Grillgut nicht an und der Grill lässt sich leichter reinigen.

Michaels Grillkartoffeln

Zubereitung:
Kartoffeln abkochen, mit Bohnenkraut belegen und mit Speck umwickeln. Salzen, pfeffern und mit Olivenöl einreiben und ab auf den Grill.

Feldsalat säen wir im Herbst, damit sich der Boden regenerieren kann. Am besten nach Sonnenuntergang ernten, dann ist der Nitratgehalt geringer. Und wenn der Salat ausgeschossen ist, untergraben. Das verbessert den Boden.

„Ich wollte immer mit Kindern arbeiten **und ihnen etwas mitgeben.**

Ursula in ihrem Tomatenhaus. Dass sie mal Turnerin war, sieht man ihrer eleganten Haltung an.

Die Kartoffelkönigin aus Kasachstan

Wenn Ursula über ihren Garten spricht, kommt man um einen Kartoffelkurs nicht herum. „Für Kartoffeln muss man einen lockeren, nahrhaften Boden vorbereiten", weiß die 77-Jährige. „Im Herbst werfe ich Blätter und Grünschnitt auf die Erde, um sie dann vor dem Winter umzugraben. Ein bisschen Sand sollte auch dazu zum Auflockern." Im Frühjahr wird dann gepflanzt: „Immer in Reihen mit Abstand. Auch zum Beetrand sollten 30 Zentimeter Platz sein." Sind die Pflanzen dann gewachsen, wird von links und rechts Erde aufgehäufelt. Dadurch bilden sich mehr Wurzeln und auch mehr Knollen aus. Gegossen sollte nur drei Mal werden, dafür aber reichlich. Beim Ernten der Erdfrüchte ist Ursula sehr akkurat. Sie weiß genau, wo sie den Spaten ansetzen muss, um keine Kartoffel zu verletzen.

Ursula und ihr Mann Vitalij legten sich den Garten zu Anfang des neuen Jahrtausends zu. Der heute 80-Jährige stammt aus Wladikawkas, der Hauptstadt der kaukasischen Republik Nord-Ossetien. Er war, bevor er krank wurde, auch der Gestalter des Gartens: Inspiriert durch einen Amerika-Urlaub, baute er den Grand Canyon nach, im anderen Jahr legte er einen Teich an, mittlerweile hat der Bereich vor dem Gartenhaus ein gänzlich anderes Gesicht: Wasserspeichernde Pflanzen umwachsen ein kleines Holzdorf, das er selbst geschnitzt hat. Weil er das Gartenhaus so düster fand, montierte er eine seiner ornamentalen Laubsägearbeiten aus hellem Furnierholz, die ursprünglich die Eingangstür ihres Heims in Kasachstan zierten, an die Decke.

Ursulas Geschichte ist wechselhaft. „Hitler wollte die in Russland lebenden Deutschen wieder in der historischen Heimat haben. Also holte er meine Eltern – unsere Familie hatte seit Generationen in der fruchtbaren Ukraine gelebt – nach Deutschland. 1945 wurde ich in Brandenburg geboren", berichtet sie. Doch ein halbes Jahr später befahlen auch die Russen ihre Deutschen wieder in die „historische Heimat" – allerdings mit dem Hintergedanken, sie in unwirtlichen Gegenden anzusiedeln, um ihre Arbeitskraft zu nutzen. „Wenn uns mein Opa nicht gefunden hätte, wären wir am Ural verhungert", sagt Ursula. Er brachte seine Familie nach Kasachstan.
Zu ihren Kindheitserinnerungen zählt die Geschichte mit dem Turnen: „Als ich etwa fünf Jahre alt war, kam eine aus Moskau deportierte Familie zu uns. Der Sohn, etwas älter als ich, war Turner und ich schaute ihm beim Training zu. Heimlich fing ich auch an zu trainieren, mit einem Heuballen als Matte." Als sie alles konnte, führte sie es ihrem jungen Lehrer vor. Der staunte nicht schlecht und verpasste ihren Bewegungen den letzten Schliff. Sie war so gut, dass sie bei Schulaufführungen als Schlussnummer auftrat. In der neunten Klasse verliebte sie sich das erste Mal und hörte mit dem Turnen auf. Dem Sport blieb sie treu – noch bis vor kurzem schwamm sie regelmäßig ihre 2.000 Meter im Freibad.

Ursula studierte Anglistik in der kasachischen Hauptstadt und wurde Englischlehrerin. Dann machte sie Karriere im Berichtswesen für die Regierung. „Diese Arbeit war zwar gut bezahlt. Aber sie erfüllte mich nicht. Ich wollte wieder mit Kindern arbeiten und ihnen etwas mitgeben", sagt Ursula. Man erhörte ihren Wunsch und übertrug ihr die Leitung eines großen Arbeiterkindergartens. Sie sorgte dafür, dass das heruntergekommene Gebäude renoviert wurde; die Schlaf-, Ess- und Spielzimmer ließ sie neu einrichten und eine Sporthalle bauen. Nach drei Jahren, als alles vollbracht war, nahm sie ihren Abschied. Vitalij, mit dem sie seit 1975 verheiratet ist, und sie siedelten nach Deutschland um. Das war 1990. „Ich habe geheult wie ein Schlosshund", sagt sie. „Für mich war aber klar, in das Land zurückzukehren, das ich mit sechs Monaten verlassen habe. Ich bin mit den alten Bräuchen aufgewachsen, wir haben immer deutsche Lieder gesungen", erinnert sie sich. Und war dann entsetzt, als sie im modernen Deutschland ankam: „Die Leute waren so schlampig angezogen, viele achteten nicht auf ihren Körper", sagt sie. Ursula störte die Amerikanisierung und die Bezeichnung „Russlanddeutsche": „So etwas existiert nicht. Wir sind Deutsche aus Russland", stellt sie klar. In Mannheim arbeitete sie in einem Hort als Erzieherin, im sozialen Brennpunkt Jungbusch. Um auch hier den Kindern etwas mitzugeben.

Wundsalbe aus Tagetes

Zubereitung:
Blüten in einen Topf sammeln und mit Olivenöl bedecken. Erhitzen, aber nicht kochen, dabei rühren, über Nacht ziehen lassen. Einmal wiederholen. Blüten absei-hen, Öl in ein Glas füllen, mit einem finger-langen Stück Bienenwachs im Wasserbad erhitzen. Nach dem Abkühlen das Glas verschließen. Die Salbe pflegt die Haut und hilft auch bei nässenden Wunden.

Kartoffeln lieben lockeren Boden.

Kartoffelsalat mit Hering und Oliven

Zutaten:
Etwa 5 große, festkochende Kartoffeln gekocht vom Vortag, 1 mittelgroße Zwiebel, 50 - 70 ml Sonnenblumenöl, 2 hartgekochte Eier, Petersilie, 2 - 3 Heringsfilets, schwarze Oliven, Saft einer Zitrone, Salz und Pfeffer.

Zubereitung:
Die Kartoffeln pellen und grob reiben, Zwiebel und Petersilie fein schneiden, Eier in Scheiben schneiden. Die Kartoffeln mit dem Zitronensaft, ein wenig heißem Wasser, Pfeffer und Salz mischen. Dann Öl und die Zwiebeln hinzugeben. Den Salat nochmals durchrühren und glattstreichen. Darum he-rum abwechselnd Eierscheiben und Oliven gruppieren, den klein geschnittenen Hering in die Mitte geben, zum Schluss mit der Petersilie garnieren. Am besten schmeckt der Salat, wenn er noch einige Stunden im Kühlschrank durchziehen durfte.

Ursula kauft seit Jahren ihre **Kartoffeln** beim selben Händler in der Pfalz. Im Früh-jahr lässt sie sie keimen und pflanzt sie ins vorbereitete Beet. Kartoffeln sind mit einem Pro-Kopf-Verbrauch von 60 Kilo im Jahr der Deutschen liebstes Gemüse. Das war nicht immer so - anfänglich stießen die mit den spanischen Eroberern per Schiff aus Südamerika stammenden Pflanzen auf wenig Gegenliebe; man nimmt an, dass sich der Verzehr auf die unverträglichen oberirdischen Früchte beschränkt hatte. Während in Bayern Kartoffeln seit 1647 angebaut wurden, dauerte es im Norden länger: Friedrich der Große wollte den Anbau auch in Preußen und Schlesien durchsetzen - notfalls unter Androhung von Strafe. Das so genannte „Kartoffelgesetz" brachte jedoch wenig; erst im Zuge der Änderung der Agrargesetze, die die Eigen-wirtschaft der Bauern stärkte, fand die Kartoffel in Preußen Verbreitung, und das war erst im 19. Jahrhundert.

„Wenn man einen Garten übernimmt, bekommt man gleich eine Menge neuer Bekannter. **Viele werden zu Freunden.**

Seit 25 Jahren im Koch- und Party-Modus: François und Rose, eine thailändisch-französische Liebesgeschichte.

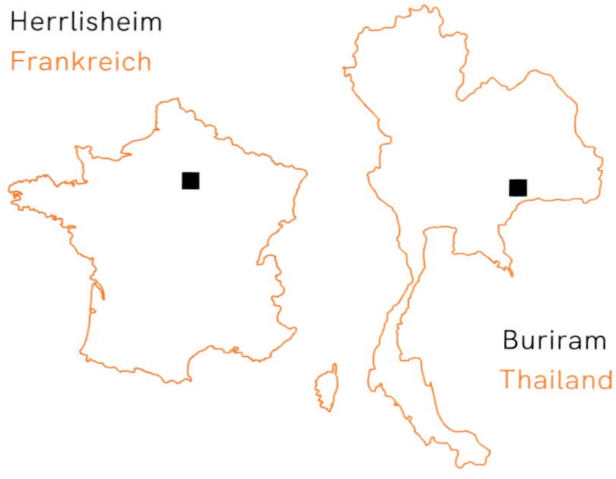

Meine Frau, die Sadistin

So etwas sagt François nur im Scherz. Denn die Liebe zwischen ihm und Rose, eigentlich Khomkhieo, besteht seit 25 Jahren. Unverändert, glücklich und einträchtig. Uneins sind sich die Thailänderin und der Franzose aus dem Elsass nur in einer Hinsicht: die Anzahl der Chilis im Essen. Ginge es nach Rose, müssten 15 Chilis in den Papayasalat; François ringt hingegen schon bei der Hälfte nach Luft. Also haben sie sich auf 3 bis 4 geeinigt. Auch bei anderen Zutaten haben sie seit langem herausgefunden, was sowohl dem asiatischen als auch dem europäischen Gaumen behagt.

Rose wurde vor 46 Jahren in Buriram in der ostthailändischen Provinz Isaan geboren, war schon einmal verheiratet und hat zwei Kinder. Auch der 60-jährige François hat bereits eine Ehe hinter sich. „Nach meiner Scheidung Ende der 80er habe ich mich erst nach drei Jahren wieder ins Leben gestürzt", sagt François. Ein Freund nahm ihn nach Thailand mit, das Land fixte ihn an, er wollte mehr erkunden. Auf einer seiner Reisen sah er Rose, die als Köchin in seinem Hotel in Bangkok arbeitete, am Hintereingang rauchen. „Sie hat mir sofort gefallen. Denn sie war nicht so ein Püppchen, das darauf aus ist, durch eine Heirat ins Ausland dem armseligen Leben im Isaan zu entkommen. Vielmehr war sie natürlich, trug Army-Hosen, Sportschuhe und lange Haare. Ein Landmädchen einfach, und ich komme ja auch vom Land", schildert François die erste Begegnung. „Er hat ‚bing-bing-bing-bing-bing' gemacht", beschreibt sie seine Sympathiebekundung, ein Augenzwinkern. Auch sie war angetan, und so verbrachten sie den Rest des Urlaubs gemeinsam. Als vorläufiges Abschiedsgeschenk wünschte sie sich weder Geld noch Schmuck, sondern – ein Radio. Die nächsten vier Jahre pendelten die Liebenden zwischen beiden Ländern, im Rahmen von Urlauben bzw. der Drei-Monats-Visa.

„Das war teuer", sagt der Franzose, damals noch im Verkauf bei einem Getränkehersteller in Mannheim tätig. „Ich habe dann gesagt: ‚Schatzl, jetzt müssen wir uns entscheiden!'" Sie entschieden sich. „Nachdem wir alle Papiere beisammen hatten, fehlte nur noch meine Scheidungsurkunde", berichtet François. „Die musste in Karlsruhe legalisiert werden, aber die Papiere kamen einfach nicht bei." Und langsam aber sicher tröpfelte Roses Visum aus ... „Es hat viel Überredungskunst und persönliches Erscheinen gekostet, das Ausländeramt davon zu überzeugen, dass die Papiere unterwegs waren und Rose noch bleiben durfte", so François über die Hochzeit in letzter Minute.

Kurz darauf besorgte er seiner frisch Angetrauten einen Job als Pflegehelferin im OP-Bereich, und da lernte sie die raue Seite von Deutschland kennen: Geweint habe sie am Anfang. Weniger aus Erschöpfung, denn harte Arbeit war sie gewohnt, aber über den unverblümten Umgangston, der Asiaten fremd ist. Das ist längst Vergangenheit.

Inzwischen ist sie die lachende Seele im Pflegeteam und versorgt die Belegschaft regelmäßig mit Köstlichkeiten aus dem Garten. Denn der ist freigebig. In ihrem dritten Jahr am Aubuckel hat sich das französisch-thailändische Paar gut eingelebt und seine Parzelle zum zweiten Zuhause erklärt. Hier steigt so manche Party mit Freunden und Nachbarn. „Der Vorgänger hatte aus gesundheitlichen Gründen nichts mehr machen können, aber es hat gedauert, bis er loslassen konnte", beschreibt François den Anfang. Er erinnerte sich seiner bäuerlichen Herkunft und befreite den Garten von meterlangen Brombeerranken und Brennnesseln und allem anderen, was dort nicht hingehörte. Errichtete einen neuen Schuppen, verkleidete das Haus außen und isolierte es innen. Baute mit Freundeshilfe neue Fenster ein, und auch Rose zeigte beim Anlegen der Gemüsebeete, was sie drauf hat: Chilis, Salate, Thai-Auberginen und -kräuter wachsen hier in Reih und Glied. Tomaten und Gurken gedeihen artig im Gewächshaus. Das ist noch nicht das Ende der Fahnenstange. Im nächsten Jahr soll es eine komfortable Außenküche geben, und noch diesen Herbst will François das Dach neu decken sowie die Terrasse umgestalten. Dann werden es sich Rose und François im Winter am Heizofen gemütlich machen. Die Party geht also weiter.

Auch die aus den Anden stammende **Physalis** oder Kapstachelbeere gedeiht am Käfertaler Aubuckel. Wer ihr im Winter einen hellen Platz mit etwa 10–15 Grad bieten kann und sie in dieser Zeit wenig gießt, kann mehrere Jahre lang an dieser Pflanze Freude haben und die leckeren Früchte genießen, die sich übrigens auch trocknen lassen. Physalis macht schön: Da sie Beta-Carotin enthält, ist sie nicht nur gut für die Augen, sondern unterstützt im Zusammenspiel mit Vitamin C auch die Zellteilung für eine schöne Haut.
Wie die Tomate ist Physalis ein Nachtschattengewächs und sollte nicht unreif gegessen werden.

Wir lassen Salat und Koriander ausschießen, um Samen zu haben.

Rose begutachtet einen **Kang-Kob-Kürbis,** ob er schon reif fürs Curry ist. Sie schwört auf diesen Moschuskürbis aus ihrer Heimat, denn er lässt sich leicht schälen, monatelang lagern und bezaubert den Gaumen mit seiner seidigen Textur und seinem feinen Aroma. Er lässt sich braten, backen und als Gemüse zubereiten. „Seine meterlangen Ranken sind bis zum Nachbarn rübergewachsen", lacht François.

Koriandersamen. Wenn er braun ist, sammeln ihn Rose und François, um ihn im nächsten Jahr auszusäen. Neben seinem charakteristischen Geschmack besticht das älteste Küchenkraut der Welt auch durch seine Heilwirkungen. Schon im Sanskrit, der Traditionellen Chinesischen Medizin, aber auch im Alten Testament und von Hippokrates wird er wegen seiner verdauungsfördernden Wirkungen gelobt. So kann er bei bakteriell verursachten Durchfällen Linderung verschaffen; in der Phytotherapie wird er anstatt Antibiotikum eingesetzt. Seine ätherischen Öle wirken sich zudem auch positiv auf die Leber aus.

Gemüse vom Wasserspinat (Phak Bung)

Zutaten:
1 Bündel Wasserspinat
1 Knoblauchzehe
1 Chili
2 EL Sojabohnenpaste
2 EL helle Sojasoße
1 TL Fischsoße
2 EL dicke Austernsoße
1 EL Zucker

Zubereitung:
Den Wasserspinat andünsten. Da er viel Wasser enthält, fällt er schnell dabei zusammen. Nach ein paar Minuten den gehackten Knoblauch und die zerkleinerte Chili hinzu, alle Soßen mischen und ebenfalls hinzufügen. Etwas Wasser hinzufügen und einige Minuten ziehen lassen.

Die **Thai-Aubergine** der Sorte „Snow" ist klein und rund und behält auch reif ihre weiße Farbe. Ihren von Natur aus leicht bitteren Geschmack verliert sie im Zusammenspiel mit den landestypischen Gewürzen.

Thailändischer Wasserspinat (Morning Glory) ist eine einjährige Sumpfpflanze, die daher nassen Boden braucht. Sie enthält viele Ballaststoffe, Eiweiß, viele Vitamine und Mineralien; besonders hervorzuheben sind Kalzium und Eisen.

Thai-Auberginensalat

Zutaten:
500 g asiatische Auberginen
500 g Fischfilets nach Wahl
(Forelle oder Lachs eignen sich gut)
3 Knoblauchzehen
5 Chilis, 1 rote Zwiebel
1 kleine Handvoll Sesam
Grün von Lauchzwiebeln
3 EL fermentierte Fischsoße (Nambala)
Koriander

Zubereitung:
Die Auberginen weich kochen. In der Zwischenzeit Zwiebel, Knoblauch und Chili zerkleinern und mit etwas Wasser in der Pfanne anbraten. Wenn alles weich ist, mörsern. Dann die Fischfilets hinzu und wieder mörsern. Sesam kurz ohne Fett anrösten, hinzufügen, ebenso die Fischsoße, etwas heißes Wasser, den Koriander und das klein geschnittene Zwiebelgrün.

Essen wie Gott in Thailand: Links ein Auberginensalat mit Fisch und frischen Kräutern, rechts grüner Papayasalat „asiatisch-europäische Art“, und mariniertes Hähnchen.

Rose mit ihrem „Mörder-Mörser“. Durchs Mörsern werden die Zutaten gequetscht und können ihr Aroma voll entfalten.
So z. B. für den grünen Papayasalat oder die marinierten Hähnchenflügel: 500 g Hähnchenflügel in jeweils 2 EL dicker Sojasoße und Austernsoße, Salz, Pfeffer, Koriandersamen, Knoblauch und einer Prise Zucker ziehen lassen. Die Zutaten für die Marinade werden zuvor gemörsert.

Grüner Papayasalat, wie ihn Rose und François mögen

Zutaten:

1 große grüne (unreife) Papaya
5 - 6 kleine Tomaten, nach Geschmack
3 mittelscharfe Chili
2 - 3 lange grüne Bohnen
2 Zitronen oder Limetten unbehandelt
3 TL Fischsoße
2 TL Rohrzucker
1 TL „Na tal peyi“ (brauner, honigartiger Zucker aus dem Asia-Laden)
eine Handvoll geröstete Erdnüsse
eine Handvoll getrocknete Scampi
ein paar gekochte Maiskörner

Zubereitung:

Papaya mit einer Schälmaschine (Asia-Laden) oder mit dem Messer in dünne Streifen schneiden, Tomaten halbieren, Bohnen und Chili klein schneiden, Zitrusfrüchte auspressen und einen Teil der Schale kleinschneiden. Alle Zutaten außer dem Gemüse in einen großen Mörser geben und zerreiben.

Zutaten für den grünen Papayasalat. François zuliebe mit viel Tomaten und wenig Chili; Rose mag ihn ohne Karotten, aber mit Mais.

In Deutschland bin ich eine starke Frau geworden.

18
BELIEVE
&
MAKE

„Seit wir den Garten haben, **habe ich 10 Kilo zugenommen!**

Zwei, die wie Trommel und Schlägel zusammen gehören: Esmila und Samir haben in Rekordzeit die Sprache gelernt, harte Arbeitsbedingungen durchgestanden und einen Problemgarten gebändigt.

Sanski Most
Bosnien und Herzegowina

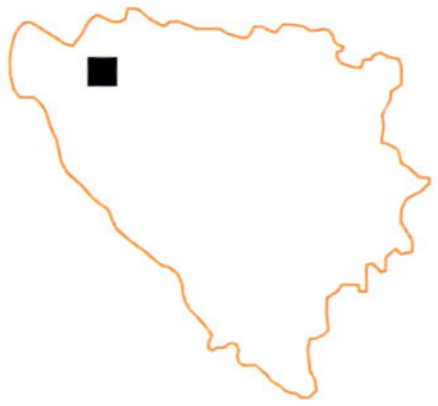

Power-Frau führt Familie zusammen

Esmila (43) und Samir (47) gehören zu den jüngeren Gärtnern in der Anlage am Aubuckel und haben erst seit anderthalb Jahren ihren Garten. Als Neulinge wurden sie gleich unter die Fittiche ihres Nachbarn François genommen. Gemeinsam fällten sie den uralten Kirschbaum, der den gesamten Garten verschattete, stemmten Uraltbeton aus der Erde und fliesten den Weg. Mit François' Hilfe entfernten sie den Rosenstock, das Gartenhausdach zu erdrücken drohte. „Wir haben den Garten trotz der langen Warteliste sehr schnell bekommen", berichtet Samir. Denn die Parzelle galt als Problemgarten, keiner hatte ihn haben wollen. „Uns war das egal. Wir kennen es aus Bosnien, Gemüse anzubauen, an der Luft zu sein und zu grillen. Das ist Freiheit", so Samir. Und lobt seine Frau: „Esmila ist ein Rambo. Sie hat genauso den Hammer geschwungen wie wir Männer." Überhaupt sind die beiden echte Problemlöser. Esmila und Samir stammen aus Sanski Most und lernten sich 1999 auf „süße" Weise kennen: Er war Bäckereifahrer und holte die Spezereien ab, die Esmila als Konditorin herstellte. Zwei Jahre später heirateten sie; nach einem Jahr kam Samil, 2006 Meris auf die Welt.

Als Esmila 2016 bei Verwandten in Mannheim zu Besuch war, wurde sie gefragt, ob sie in der Altenpflege arbeiten wolle. Die junge Frau dachte an die besseren Ausbildungsmöglichkeiten für die Kinder und griff zu. Die Arbeitsbedingungen waren oft unfair; gnadenlos wurde ihre Situation ausgenutzt. Esmila hielt durch und schuftete bis an die Grenzen der Belastbarkeit. Zunächst ohne ein Wort Deutsch. „Als ein alter Mann nach Leberwurst verlangte, war ich verzweifelt. Ich hatte keine Ahnung, was das ist, wir kennen das nicht", erinnert sich Esmila. Auch jeder Cent ihres Gehalts musste erstritten werden, denn nur mit einem gewissen Einkommen und einer Wohnung sind eine dauerhafte Aufenthaltserlaubnis und eine Familienzusammenführung möglich. Esmila nahm auch diese Hürden. Da saß sie in ihrer Wohnung – auf einem Farbeimer; an Geschirr besaß sie drei Plastikbecher, einen Teller und eine Gabel. „Es gab keinen Tag, an dem ich nicht vor Einsamkeit geweint habe", berichtet Esmila. „Samir und ich – wie sind wie Trommel und Schlägel. Voneinander getrennt sein fällt uns sehr schwer." Was für ein Fest war der erste Besuch ihres Mannes mit den Söhnen! Sie hatten das Auto vollgepackt, um Esmila auszustatten. Das gab ihr Kraft, und sie machte weiter.

Lernte über das Fernsehen Deutsch, bat ihre Kollegen, sie zu verbessern. Inzwischen spricht Esmila fließend Deutsch, macht kaum Fehler. Ähnlich ist es bei Samir, der ein halbes Jahr später nachkommen durfte. Am 5. September 2017 – dieses Datum wird die Familie wohl nie vergessen. Auch den Tag nicht, an dem Esmila zum ersten Mal auf Deutsch träumte. „Ich war so stolz", sagt Esmila mit Nachdruck. „Jetzt hatte ich es geschafft." Samir stürzte sich gleich einen Tag nach seiner Ankunft ins Arbeitsleben. Er kaufte sich die Zeitung und zog erst einmal einen Job als Verlader an Land. Zu seiner Arbeit im Schichtbetrieb nahm er nächtliches Aufstehen und stundenlange Fahrten in Kauf. Mittlerweile arbeitet er am Klinikum in der Materialübergabe. Gegenwärtig bildet er sich zur Fachkraft Logistik weiter und will künftig als Logistik-Ausbilder arbeiten. Dann wird er auch Personalverantwortung haben. Wie er es schaffte, sich die Sprache anzueignen, sich zu bewerben, Vorstellungsgespräche zu führen, lässt sich nur ahnen.

Und ganz nebenbei wurde der Garten gestaltet und bepflanzt. Schon im ersten Sommer beglückte er die Familie mit reichen Erträgen: Kiloschwere Kürbisse, Tomaten, Zucchini, Bohnen – „wir hatten so viele, dass wir welche unseren Verwandten nach Sanski Most brachten. Die hatten durch den Dürresommer kaum Ertrag", sagt Samir. Stolz ist das Paar auch auf seine Kinder: Von Anfang an staunten die Lehrer über die guten Noten der beiden; Samil erhielt eine Empfehlung fürs Gymnasium. Esmila hat es abgelehnt und gesagt: „Es ist leichter, die Treppe hinaufzusteigen, als einen Rückschritt in Kauf zu nehmen."

Esmila und Samir haben etliche Stufen in Deutschland erklommen. Und ihre Kinder werden auf dieser Treppe noch einige Stufen höher steigen.

Die **bunten bosnischen Bohnen** sind so ertragreich, dass ein Teil am Stock verbleibt. So können die Kerne bereits eintrocknen. Nach der Ernte werden sie noch einige Tage locker ausgelegt, um komplett durchzutrocknen und werden als Samen für die Nachzucht bzw. im Winter für den Eintopf verwendet. Die Pflanzen sind hochwüchsig; in Bosnien ist es üblich, sie zusammen mit Mais anzupflanzen, den sie als Kletterhilfe benutzen.

Wir haben sogar Bohnen nach Bosnien gebracht, so viele hatten wir.

Der alte **Apfelbaum** der Sorte „Ontario" trägt späte, aber schwere Früchte. „Sind Würmer darin, ist der Apfel gesund", sagt Samir.

Ich lege schon Geld beiseite, um nächstes Jahr viele Blumen kaufen zu können.

Mangold treibt es bunt und ist gesund. Das liegt einerseits am grünen Chlorophyll der Blätter, welches der Leber beim Entgiften hilft, Infektionen entgegenwirkt und Entzündungen lindert. Andererseits an den Betalainen, den pflanzlichen Farbstoffen in den Stielen und Blattadern. Mangoldstiele können weiß, rot oder gelb vor.
Auch sie unterstützen den Körper bei oxidativem Stress, Entzündungen und Fettstoffwechselproblemen.

Ein bosnische Weisheit: „Heirate keine, die nicht Pita machen kann! ;-)"

Pita mit Mangold

Füllung:
1,5 kg Mangold, 1 TL Salz, 400 g Frischkäse, 2 Eier, 100 g Schmand. Mangold kleinschneiden, dicke Enden der Stängel nicht verwenden. Alles miteinander vermischen.

Teig:
500 g Mehl, eine Prise Salz, so viel Wasser, dass der Teig beim Kneten nicht an den Händen klebt. 15 Minuten ruhen lassen. Dann den Teig hauchdünn ausrollen. Alternativ kann auch ein fertiger Teig benutzt werden (Yufka aus türkischen Geschäften). Die Füllung darauf verteilen, zusammenrollen und Schnecken formen. Im Ofen bei 180 Grad 30 – 40 Minuten backen. Sind die Schnecken oben angebräunt, mit süßer Sahne bepinseln und bei ausgeschalteter Hitze noch 10 Minuten im Ofen lassen.

Esmila ist Pita-Profi: Sie schafft es, den Teig auf Tischgröße auszurollen.

Pita lässt sich mit vielen Füllungen zubereiten – von Hackfleisch über Frischkäse bis Spinat, Kartoffel oder Brennnessel. Für Esmila ist die Zubereitung der Pita eine liebe und tröstliche Erinnerung an die Heimat; es gibt ihr ein Gefühl der Geborgenheit, und wenn es ihrer Familie und den Gästen schmeckt, lacht ihr das Herz.

Es ist leichter, die Treppe hinaufzusteigen, als einen Rückschritt in Kauf zu nehmen.

Nachtisch – Süße Apfel-Pita

Zutaten:
2 kg Äpfel, 400 g Yufka-Teig für Baklava, 500 g Zucker, 400 ml Wasser, Zimt.

Zubereitung:
Die Äpfel schälen und grob reiben, mit Zimt mischen. Wasser und Zucker 1 Stunde kochen, abkühlen lassen. Auf ein tiefes, gefettetes Blech abwechselnd 2 Lagen Yufka und Äpfel schichten. In Vierecke schneiden, mit dem Zuckersaft übergießen und bei 180 Grad etwa 40 Minuten backen. Kann warm gegessen werden; nach dem Erkalten macht sich Puderzucker darauf gut.

Calvin Klein Jeans

„Hast du Feigen in der Tasche, **sucht jeder deine Freundschaft.**

Gekommen, um zu bleiben: Arben und Bona verließen um der besseren Ausbildungschancen der Töchter Jenny und Joy willen ihr schönes, aber korruptes Heimatland Albanien.

Tirana
Albanien

Vier Jahre auf die Liebe gewartet

„Für mich wäre es besser, in meinem Land zu sein. Ich habe alles verlassen – mein Haus, meine Freunde und Familie, meine Sprache. Aber wir wollten für unsere beiden Mädchen eine bessere Zukunft." So spricht eine Albanerin, in deren Land himmelschreiende Korruption und eine desolate politische Lage herrschen. „Meine Eltern haben uns Kindern gesagt: ‚Wir fangen hier ein ganz neues Leben an, wir kennen niemanden hier.' Ich konnte mir nicht vorstellen, so etwas zu tun", ergreift die ältere Tochter Jenny das Wort. Es beeindruckt sie, dass ihr die Eltern den Weg geebnet haben, und sie geht ihn zielstrebig – die 16-Jährige durchläuft gerade eine Ausbildung zur Medizinischen Fachangestellten.

Bei der Frage, wie Bona (46) und ihr Mann Arben (49) zusammengekommen sind, kichern die Mädchen. „Wir haben uns in der Hauptstadt Tirana kennen gelernt", berichtet Bona. „Kurz darauf kündigte Arben an, er gehe für ein halbes Jahr nach Rostock. Mir war klar, dass es länger dauern könnte, also habe ich ihm insgeheim ein Jahr gegeben." Ihre Eltern wussten nichts von der Verbindung mit Arben; sie wunderten sich nur, dass ihre Tochter nie ausging, und als sich ein junger Mann, von dem die Eltern sehr angetan waren, mit ihr verloben wollte, schlug sie dessen Antrag aus.

Bona wartete. Ein Jahr, zwei Jahre … Sie studierte, wurde Lehrerin für Albanisch und Englisch in der Grundschule. Arben war gelernter Bäcker, arbeitete aber in Deutschland als Trockenbauer. Erst vier Jahre später kehrte er nach Tirana zurück und sie verlobten sich. Den Kontakt hatten sie telefonisch, aber auch brieflich gehalten.

„Ja, echte handgeschriebene Briefe", bestätigt Bona. Zusammen gingen sie nach Rostock, wo es beiden gut gefiel. Bona wurde schwanger, doch die Schwangerschaft verlief problematisch. Sie wollte ihr Kind zuhause in Tirana auf die Welt bringen und musste nach Jennys Geburt viel liegen. Später richteten sich beide, weil es dort Arbeit für Arben gab, in Ludwigshafen ein. „Was mich stört, ist, dass hier viele Frauen Kopftuch tragen", meint Bona. Sie und Arben sind Christen, die größte religiöse Minderheit in Albanien.

„Wir hätten in Ludwigshafen einen Garten haben können", berichtet Bona. „Aber als ich mir die Nachbarschaft angeschaut habe, waren nur Muslime um uns herum. Wir wollten uns aber frei im Bikini im Garten aufhalten und hätten uns sicher nicht wohlgefühlt." Kurz vor der Corona-Zeit hatten sie Glück, den Garten am Waldparkdamm zu ergattern. „Das war wie ein Sechser im Lotto", sagt Bona. „Wir konnten jeden Tag draußen sein und haben die schlechte Situation in der Stadt nicht so mitbekommen." Besonders die Kinder blühten auf. „Wir lieben es, die Wege entlang zu spazieren und uns die Gärten anzuschauen. Mein Handy lasse ich dann zuhause; ich benutze es schon oft genug", sagt Jenny. Und die 12-jährige Joy ergänzt: „Wir spielen hier Federball oder fahren mit den Rädern in den Waldpark."

Arben stellt den Garten vor: „Hier war viel zubetoniert. Das habe ich alles entfernt, auch den Teich. Ich habe Rasen gesät und Kirsch- und Pflaumenbäume sowie Spalierobst und Wein gepflanzt. Die Trauben tragen jedes Jahr besser." Gemüse soll es auch noch mehr werden mit der Zeit; bisher gibt es Kartoffeln, Zucchini und Tomaten. An der Eiertomate, die sich mit dem Reifen Zeit lässt, hängen die Früchte dicht an dicht. Den Tomatenanbau nimmt Arben sehr ernst – was er im zeitigen Frühjahr im Gewächshaus heranzieht, kommt in ein Freilandbeet. Aber überdacht muss es sein.

Ein Feigenbaum schenkt ihnen die Früchte für die süße albanische Feigenmarmelade. Vielleicht liegt das Geheimnis darin, dass die Feigen ohne Wasser und lange gekocht werden. Arben meint augenzwinkernd: „Oder es liegt am Rühren! Wenn ich einen Mörtel anrühre, bleibt er viel länger geschmeidig als der meiner Kollegen. Und als Bäcker durfte ich schon in der Lehrzeit den Baklavateig herstellen, weil er mir am besten gelang." „Ehemaliger Bäcker!", korrigiert ihn Jenny. Sie ist stolz auf ihre Familie, auch auf ihre kleine Schwester: „Joy geht aufs Gymnasium. Heute Morgen hat sie mich mit Geigenklängen geweckt! Und sie zeichnet wirklich gut!" Wer weiß, ob hier nicht vielleicht eine Künstlerin heranwächst.

Man muss jeden Tag darin schaffen, dann hat man einen schönen Garten!

Albanische Feigenmarmelade

Zubereitung:
Auf 1 kg Feigen kommen etwa 400 g Zucker und der Saft einer Zitrone. Alles wird vermengt und über Nacht stehen gelassen. Am nächsten Tag bei mittlerer Temperatur für etwa 1 Stunde kochen.

Tomaten sind von unserem Speiseplan nicht mehr wegzudenken. Doch auch dieses Nachtschattengewächs war mal ein Einwanderer – im Gepäck von Christoph Columbus von seiner zweiten Amerikareise. Von den Maya, später von den Azteken (unter der Bezeichnung „Xitomatl") wurde die Tomate bereits als Kulturpflanze genutzt, doch in Europa war man skeptisch: Zu sehr ähnelte die Wildform der giftigen Tollkirsche, und es wurde von mysteriösen Todesfällen berichtet. In Wahrheit lag es jedoch am Material des Geschirrs, auf denen in Adelskreisen Tomaten goutiert wurden – es bestand aus Zinn, welches mit der Säure der Frucht reagierte und zu tödlichen Bleivergiftungen führte. Erst im 16. Jahrhundert fand die Tomate Eingang in italienische Rezeptbücher; zu Beginn des 20. Jahrhunderts dann im übrigen Europa und in Nordamerika.

Die **Eiertomate** lässt sich mit dem Reifen Zeit. Die Ausbeute wird allerdings groß.

Pastiqe – albanischer Nudelauflauf

Zubereitung:
250 g Spaghetti, 4 Eier, 50 g Butter, 0,75 L Milch, Schafskäse, Salz.
Die Spaghetti nur 5 Minuten kochen. Währenddessen Eier, Milch und Salz verquirlen. Eine Auflaufform mit der Hälfte der Butter einfetten. Schafskäse und Nudeln vermengt in die Form geben, die Eiermasse und den Rest der zerpflückten Butter darauf verteilen. Bei 180 Grad (Ober-/Unterhitze) etwa 25 Minuten backen, bis es oben schön braun ist.

„Die Trauben sind das Beste **in meinem Garten.**

Aus dem Iran kommt Mahin immer mit drei großen Koffern voller Gewürze, Rosenwasser oder Haushaltsgegenständen zurück.

Teheran
Iran

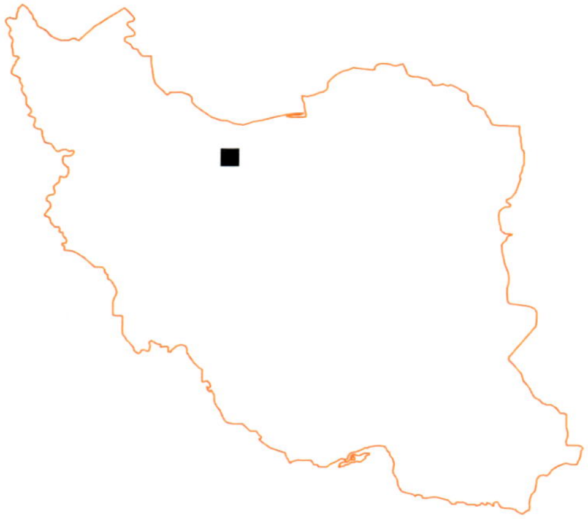

Gewürze aus Tausendundeiner Nacht

Mahin ist der Inbegriff einer persischen Schönheit: Lange schwarze Haare, dunkle Augen, volle, weich geschwungene Lippen. Und sie ist eine selbstständige Frau mit zwei Arbeitsstellen.

Es ist Ende Juli, Hochsommer, und die Aprikosen im Garten sind reif. Gerne teilt sie die Ernte des heutigen Tages mit ihren Gästen. Und erzählt, wie sie nach Mannheim gekommen ist und ihren Garten in der Anlage Herzogenried nutzt.

Ihren ersten Sohn bekam Mahin in Teheran mit 14. „Heute bin ich 60, er 45, und wir werden oft für Geschwister gehalten!“, sagt die Perserin amüsiert. Den zweiten Sohn brachte sie 2 Jahre später zur Welt, und mit 29 kam noch eine Tochter hinterher. Im Jahr 2000 machte sich Mahin mit der damals 11-jährigen Tochter auf den Weg nach Europa. Zunächst nach London, wo ihre beiden Söhne leben. Doch sie war entschlossen, sich in Deutschland niederzulassen.

In Hamburg hat sie Verwandte, bei denen sie zunächst unterkam. Dann ging die Reise weiter in den Süden, nach Ludwigshafen, wo sie auf die Gewährung ihres Asylantrags wartete. Dort nahm sie gleich zwei Jobs an: In einem Schnellrestaurant und als Security bei einem Bekleidungsgeschäft. Neben eigenem Verdienst war ihr auch eine eigene kleine Wohnung in Mannheim wichtig.

Was sie an ihrem Stückchen Grün am meisten schätzt, ist nicht etwa die Pergola mit den Kiwis, die sie gleich nach Übernahme des Gartens gepflanzt hat. „Es sind zu viele!“, stöhnt sie und lacht. „Nein, das Beste sind die Trauben. Aus ihnen macht mein Gartennachbar im Herbst Rotwein, dann bekomme ich zwei Flaschen. Ich trinke ja nur ganz wenig Alkohol. Den größten Teil lasse ich zu Rosinen trocknen. In Persien wird viel mit Trockenobst gekocht.“ Und aus den Blättern macht sie Dolmen - die im türkischen und arabischen Raum ebenfalls bekannten mit Reis und Hackfleisch gefüllten Weinblätter.

„Manchmal nehme ich meinen Samowar mit, um schwarzen Tee mit den getrockneten Blüten meiner Rose zuzubereiten. Beheizt wird er mit Holz.“ Mahin besitzt viele alte Sachen, die sie aus der Heimat mitgebracht hat, aber lieber zuhause aufbewahrt. „Ich habe Angst, dass mir hier was gestohlen wird; mein Herz würde brechen“, sagt sie. Einmal im Jahr reist sie nach Teheran zu ihren Verwandten. Wenn sie zurückkommt, hat sie drei Mal mehr Gepäck dabei als auf der Hinreise. Da muss ihr geliebtes Rosenwasser mit, aber auch die Gewürze, die den Zauber ihres Lammeintopfes, des traditionellen „Abgusht“, ausmachen: scharfes Paprikapulver, Zimtstangen sowie Kurkumapulver, das ihre Schwägerin selbst herstellt. Mahin achtet sehr auf ihre Gesundheit und was sie zu sich nimmt. „Kurkuma tut mir gut“, betont sie, „es hilft meinen Gelenken und stärkt mein Immunsystem.“ Studien zufolge habe Kurkuma eine stimmungsaufhellende Wirkung und viele Arthrosemitel enthalten Kurkuma. Es verleiht vielen Gerichten eine sonnengelbe Farbe.

Den Abgusht bereitet sie je nach Anzahl ihrer Gäste, meist Freundinnen, entweder im großen Topf auf Holzfeuer oder aber im traditionellen Kochgerät, dem „Valor“ zu. „Abgusht muss sehr lange garen. Die Zeit kann man dann für einen Hausputz nutzen“, rät Mahin lachend. Wenn Urlaub und Geld reichen, reist sie auch alle zwei Jahre in die USA, wo ihre Tochter lebt, oder mit dem Zug nach London zu ihren Söhnen. Nach Teheran zurückzukehren, kann sie sich nicht vorstellen. Mahin ist mit Leib und Seele Mannheimerin und hat die deutsche Korrektheit und Pünktlichkeit schätzen gelernt.

Mannheim ist viel besser als Hamburg oder Ludwigshafen!

Minze ist ein wichtiger Bestandteil der orientalischen Küche - entweder als Tee im Sommer, der den Körper kühlt, oder als aromatischer Bestandteil in Joghurt. Minze hilft bei Übelkeit, aber auch gegen Kopfschmerzen. Inzwischen gibt es über 30 Sorten, auch ausgefallene wie Schoko- oder Erdbeerminze.

Eine Besonderheit in Mahins Garten sind die **Safrankrokusse**.
Sie blühen erst im Oktober und bestechen durch ihren leuchtend roten und langen Stempel. Safran stammt, wie Mahin, aus Persien. Dort galt er als heilige Pflanze, die den Göttern als Geschenk überreicht wurde und für Weiblichkeit, Fruchtbarkeit und Liebe stand. In anderen alten Kulturen galten Bäder in Safran als sexuell anregend; auch Kleopatra soll darin gebadet haben, bevor sie einen Verehrer empfing. Da seine Ernte aufwändig ist und sich seit 4.000 Jahren nicht geändert hat, gilt er bis heute als Luxusgut. Also am besten selbst anbauen!

Die **Duftrose** in Mahins Garten. Aus ihren Blüten macht sie Tee. Dafür erntet sie die Blüten, lässt sie bei gutem Wetter 3 Tage ausgebreitet trocknen. Für 1 Glas Tee genügt 1 Löffel Rosenblüten. Diese liebt sie auch in Joghurt. Geht ihr das Rosenwasser aus dem Iran aus, kocht sie 1 EL Blüten in etwa 1 L Wasser eine halbe Stunde lang.

Ich wasche jeden Abend mein Gesicht mit Rosenwasser. Das bringe ich aus Teheran mit, denn hier ist es sehr teuer. Und in den persischen Restaurants werden den Gästen vorher die Hände damit gewaschen.

„**Rosinen** lassen sich ganz leicht selbst machen: Einfach die Trauben an trockenen heißen Tagen auf einem Tisch ausbreiten, am besten mit einem Netz bedecken, um sie vor Insekten und Vögeln zu schützen. Nach wenigen Tagen sind die Rosinen fertig. Übrigens: Auch Limetten trockne ich problemlos selbst."

Mahin zaubert auch mit **unreifen Trauben**: Diese verarbeitet sie im Mörser mit dem Stößel zu Saft. Diesen nutzt sie als Dressing für Salate oder isst als Gesundheitselixier einen Löffel davon pur.
Er soll gegen Cholesterin helfen; schon Hippokrates erwähnte den Saft unreifer Trauben als Verdauungshilfe. Zudem ist er zwar säuerlich, aber milder als Essig.

In der Sterneküche wird der Saft „Verjus" genannt und ist wegen seiner aufwändigen Herstellung sehr teuer. Er ist auch Bestandteil des weltbekannten Dijon-Senfs.

Einen Teil der unreifen Trauben lässt Mahin etwa eine Woche antrocknen und genießt sie in Joghurt oder beispielsweise zusammen mit Erbsen in Reis.

Es gibt fast nichts, was Mahin bei den **Trauben** ungenutzt lässt. Die Blätter füllt sie ganz klassisch-orientalisch mit Reis und Hackfleisch.

Abgusht

Zutaten (für 3 Personen):

150 g Kichererbsen und weiße Bohnen gemischt
300 g Lammfleisch mit Fett
5 Knoblauchzehen
2 rote Zwiebeln in Scheiben
1 EL Kurkuma
1 TL Paprika
1 EL Tomatenmark
2 getrocknete Limetten eingeschnitten

Zubereitung:

Alles in einem Topf mit Wasser bedecken, aufkochen und 1,5 Stunden köcheln lassen. 5 kleine geschälte Kartoffeln, 2 große Tomaten hinzugeben, 1 weitere Stunde köcheln. 1 TL Zimt hinzugeben. Inzwischen Minze, Petersilie und Lauchzwiebeln, nach Wunsch Radieschen auf einem Teller anrichten. Am Ende die Brühe in eine Schüssel abschütten und die festen Bestandteile (ohne Knochen) zerstampfen. Das Püree mit den Kräutern in Fladenbrot wickeln und als Wrap genießen; die Brühe dazu löffeln.

„Mir imponiert das Sozialsystem in Deutschland, **aber der Papierkram ist etwas nervend.**

Mohameds Frisur hat ihm seine Schwester Mia verpasst. Dafür hat sie 2 Stunden lang geflochten.

Kairo
Ägypten

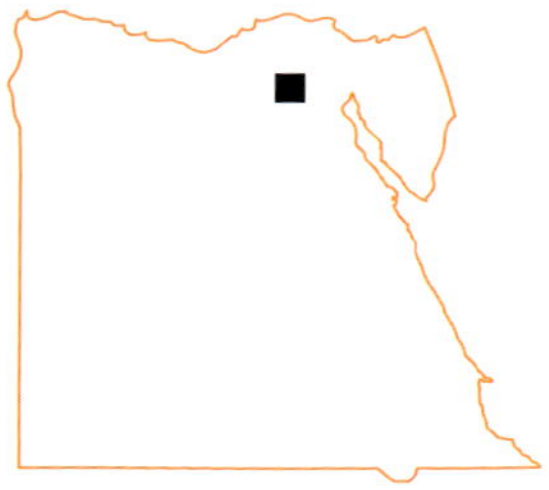

Eine Familie mit Plänen

Die Sitzecke im Schatten eines Hartriegels, durch den sich herbstliche Sonnenstrahlen stehlen, ist schon eingerichtet: Der Boden ist gefliest, darauf schmiegt sich ein fußschmeichelnder Teppich; auf einem Tischchen stehen Getränke und Knabbereien.

Die ägyptische Familie, bestehend aus Familienvater El Sayed (43), seiner Frau Zienab (42) und den drei Kindern Mia (20), Mohamed (17) und Malak (13), hat es sich auf selbstgebauten Palettenmöbeln mit dicken Kissenpolstern gemütlich gemacht. „Nächstes Jahr wollen wir die Sitzecke noch überdachen und ein wetterfestes Laminat unterlegen", kündigt El Sayed an. Erst vor sechs Monaten haben sie ihren Garten beim Kleingartenverein Mannheim-Süd gepachtet und seither tüchtig die Ärmel hochgekrempelt. Beim Renovieren des Gartenhauses und der Anlage der Beete hat die ganze Familie geackert, auch Yosef, mit 12 Jahren der Jüngste, packte mit an.

„Wir haben zwei Jahre lang gewartet, hatten aber in der Coronazeit echtes Glück", freut sich Mia. „Auch, wenn es wild ausgesehen hat - der Vorbesitzer war mit seinem Umzug beschäftigt und hat lange nichts mehr gemacht. Die Brombeerranken haben den halben Rasen überwuchert." Da sieht man nicht mehr - eine sattgrüne Fläche breitet sich zwischen den Beeten aus, wo Tomaten, Auberginen, Kürbisse und Erbsen mit ähnlichem Fleiß gewachsen sind. Für den Anbau von Essbarem sind Okras, Guaven und Mangos aus der Heimat vorgesehen. „Wir kommen aus Kairo", erzählt El Sayed, „und mein Bruder, damals Arzt am Klinikum Mannheim, hat mich 2013 bei einem Besuch zum Bleiben überredet." Seine Familie zu überzeugen, ihm zu folgen, ist nicht schwer gewesen: „Das Gesundheitssystem hier hat uns sofort beeindruckt", sagt Zienab. Sie ist gelernte Krankenschwester und weiß, wovon sie redet.

„In Ägypten kostet Sie Kranksein Ihr ganzes Gehalt", sagt sie besorgt. „Privatpatient zu sein, können sich viele nicht leisten, also sterben bei uns die Leute früh." Auch El Sayed ist vom Fach: In Kairo hat er sowohl einen Hochschulabschluss in Jura als auch eine Ausbildung als Krankenpfleger absolviert. Letzteres war im Ausland hilfreich. Parallel zu seinem Arbeitsbeginn absolvierte er den Sprachkurs am Goethe-Institut und war nach drei Jahren in der Lage, seine gesamte Familie herzuholen. Alle besitzen inzwischen die deutsche Staatsangehörigkeit.

Zienab und El Sayed haben sich in Kairo an ihrem Arbeitsplatz kennen gelernt. „Wir haben uns im Krankenhaus jeden Tag gesehen, ob wir wollten oder nicht", lacht El Sayed. „Ich habe Zienab dann immer nach Hause gebracht. 2001 haben wir geheiratet, und ein Jahr später kam unsere Älteste auf die Welt." Zienab arbeitete die ganze Zeit in ihrem Beruf. „Ich konnte trotz meiner vier Kinder als Krankenschwester arbeiten, weil meine Eltern nebenan wohnten. Sie haben mich viel im Haushalt unterstützt. In Deutschland ist das schwieriger", hat sie beobachtet.

Mia macht gerade nach dem Abitur ein Freiwilliges Soziales Jahr am Deutschen Krebsforschungszentrum (DKFZ) und sieht es als gute Vorbereitung auf ihr ersehntes Medizinstudium: „Wir nehmen Blut ab, messen Blutdruck, erheben Anamnesen und erstellen Dokumentationen", zählt sie auf. „Mir imponiert das Sozialsystem, aber was mich an Deutschland etwas nervt, ist der viele Papierkram: Ich musste unzählige Papiere ausfüllen, als ich mich um das FSJ beworben habe." Sie trägt Kopftuch - aus Gewohnheit. „Alle meine Freundinnen in Kairo trugen eins, und ich wollte nicht die Einzige ohne sein. Wenn ich keine Lust mehr drauf habe, kann ich es ja jederzeit ablegen." Mia sieht die Dinge überhaupt pragmatisch. Auch, wenn es mit 13, als sie nach Mannheim kam, weg von ihren Freundinnen und ohne Sprachkenntnisse, schwierig war: „Es ging. Mit meinen Freundinnen habe ich Kontakt über Video gehalten, und hier viele Leute kennen gelernt." Die kleine Malak hatte es schwerer. „Sie ist sehr sensibel", sagt El Sayed. „Oft stand sie unter einem Baum und hat geweint. Und heute? Sie ist Klassensprecherin und redet ohne Ende! Ich bin sehr stolz auf sie!" Auch Mohamed hat Pläne: Er will nach dem Realschulabschluss das Abi nachmachen und dann Wirtschaft studieren.

Es gefällt allen gut in Mannheim, und sie wollen hierbleiben. Auch, wenn El Sayeds Bruder nun eine eigene Arztpraxis in Salzburg hat und die Familie nach Österreich locken will ...

Wir wollen Guaven und Mangos anbauen. Ich bin sicher, dass es klappt.

Mahshie – gefüllte Weißkohlröllchen

Zutaten:
1 Weißkohl (etwa 2 kg), 2 Zwiebeln, 1 Dose Tomaten (500 g, passiert), 1 kg Reis, Salz, Pfeffer und Kreuzkümmel, frische glatte Petersilie und Koriander.

Zubereitung:
Den ganzen Kohl zunächst einige Minuten kochen, damit sich die einzelnen Blätter ablösen lassen. Die Zwiebeln kleinschneiden, anbraten und mit den Dosentomaten, dem Reis (ungekocht!) sowie den Gewürzen und den feingehackten Kräutern mischen. Diese Masse auf die Blätter geben, zusammenrollen und aufrecht in einem großen Topf in Wasser oder Brühe etwa eine Stunde kochen. Schmackhafte Varianten dieses Gerichts: Statt des Kohls Weinblätter nehmen. Auch sie werden zuvor 1 Minute gekocht. Oder rohe, ausgehöhlte Auberginen oder geschälte Zucchini.

Gegrilltes Hähnchen:
1 zerlegtes Huhn in Joghurt, Zitrone, passierten Tomaten, Salz, Pfeffer und Zitronensaft marinieren. Am besten einen ganzen Tag, dann wird das Fleisch vor dem Grillen umso zarter.

Joghurtsalat:
Joghurt, geraspelte Gurke, Salz, Pfeffer, frische, kleingehackte Minze und Knoblauch mischen. Passt als Dip zum gefüllten Gemüse.

Die **Erbsen** verarbeitet Zienab zusammen mit Tomaten zu einer Soße zum Reis. Dies geschieht sofort nach der Ernte, da Erbsen schnell ihren süßlichen Geschmack verlieren. Die grünen Hülsenfrüchte enthalten vorrangig die Vitamine C und E, zudem Lezithin für die Nerven sowie Zink für Haut und Haar. Erstmalig wurden Erbsen vor circa 8.000 Jahren in Vorderasien angebaut. Erst mit Beginn des Ackerbaus gelangten sie nach Mitteleuropa.

Ich bin stolz auf meine kleine Tochter. Sie ist Klassensprecherin!

weber

„Es ist ein Spiel mit dem Feuer, **genau die richtige Menge Glut fürs Grillgut zu haben.**

Als Diana und Đuro den Garten übernommen haben, gab es nur ein heruntergekommenes Haus, die Kletterrose und einen überdimensionierten Gartenzwerg. Als er irgendwann verschwand, vermisste ihn keiner.

Orašje
Kroatien

Der mit dem Feuer spielt

Auch, wenn das Gartenleben bei Diana und Đuro „feurig" ist – kennen gelernt haben sie sich im Wasser. Und zwar im Herzogenriedbad, einem der bekanntesten Freibäder Mannheims.
Damals hatte Đuros jüngster Bruder, der nicht einmal schwimmen konnte, die Mädelsclique von Diana geärgert. Es endete versöhnlich: „Wir haben die Jungs einfach an unseren Liegeplatz eingeladen", lacht Diana (46).

Das ist jetzt über 20 Jahre her. Heute sind die gemeinsamen Kinder 20 und 17. Es hatte also schnell gefunkt zwischen der Mannheimerin und dem Kroaten aus Orašje, einer vom Krieg stark mitgenommenen Stadt an der Grenze zwischen Kroatien und Bosnien-Herzegovina.

Bereits 1988 war Đuro nach Mannheim gekommen, als erster vom Vater, einem Gastarbeiter, der seit Ende der 60er Jahre in der Waldhöfer „Zellstoff" (Papierfabrik, heute Essity) schuftete, nach Deutschland geholt. Đuro ging zur Schule, hatte aber den Ehrgeiz, die deutsche Sprache richtig zu lernen und besuchte Kurse an der Abendakademie. Heute nervt den 50-jährigen Montagekoordinator, dass so viele Zugewanderte auch nach 20 Jahren kein Deutsch können. „Sie bleiben unter sich", hat Đuro beobachtet, „und haben kein Interesse, sich zu integrieren. Das geht aber nur über Sprache."
Als sie auf den Lindenhof zogen, da waren die Kinder noch klein, machten Diana und Đuro oft Spaziergänge zum nahe gelegenen Stollenwörthweiher und in die Kleingartenanlage darum herum.
Die Idee kam auf, dort einen Garten zu pachten – einerseits für die Kinder, andererseits, um eigenes Obst zu haben, und nicht zuletzt auch, um dort Đuros Leidenschaft, dem Grillen und Räuchern, zu frönen. So kennt er es aus seiner Heimat. Im Garten, den sie nach langer Bewerbung erst 2014 übernehmen konnten, stehen verschiedene Grills und Räucheröfen. Das Räuchern ist Đuros besondere Kunst. „Ich räuchere so gut wie alles", sagt er. „Fleisch im Smoker, weil er höhere Temperaturen erlaubt. Forellen dagegen nur bei etwa 80 Grad." Sogar Käse wie Camembert oder Mozzarella verpasst der Mann mit Hut und Bart im Räucherofen eine feste Konsistenz und würzige Note. Wenn Đuro dann noch den Peka-Topf anwirft, geht die Party richtig los. Ein Peka-Topf ist meist aus Gusseisen; es gibt aber auch tönerne Varianten, die man allerdings gut pflegen muss, damit der Ton bei Hitze nicht zerspringt. Der Clou daran: Er wird auf glühende Kohlen gestellt; um den Deckel herum befindet sich ein eiserner Ring, auf den ebenfalls Glühkohle aufgelegt wird. So erhält das Grillgut sowohl von oben als auch von unten ausreichend Hitze. Das Ergebnis überzeugt – Fleisch wird nach stundenlangem gleichzeitigen Grillen und Garen außen knusprig, innen butterzart. Đuro nennt es „ein Spiel mit dem Feuer", das man beherrschen muss.

Auch um den Anbau von Obstbäumen hat sich das Paar gekümmert und eine Nashi-Birne, Williams-Birnen, Süßkirschen, 4 Sorten Trauben, Feigen, Pflaumen und Quitten gepflanzt. Der besondere Stolz der beiden ist der Pfirsichbaum. „Wir haben ihn aus einem Steckling gezogen, und er trägt jedes Jahr mehr Früchte. Die Kräuselkrankheit bekommt er nie!", wirft sich Đuro in die Brust. Während Diana, die im Labor des nahegelegenen Krankenhauses arbeitet, für die Marmeladen und Gelees daraus zuständig ist, sorgt Đuro für die Herstellung von Obstlikören.

Die einzige Pflanze, die nur zur Freude der Augen da ist, ist die Kletterrose. Blüten über Blüten bedecken eine ganze Seite des Hauses. „Wenn mich Besucher fragen, womit ich sie dünge, sage ich: ‚mit Slivovitz!'", spielt der Kroate mit dem Klischee. Nicht nur Freunde halten sich gern im Garten von Diana und Đuro auf. Sie pflegen auch ein langjähriges enges Verhältnis zu ihren älteren Nachbarn. „Für die Kinder waren sie wie Großeltern", sagt Diana. Mittlerweile gibt es am Zaun ein Holzbrettchen mit einer Klingel. Wer sie betätigt, hat etwas zum Teilen – sei es Obst, Essen, oder einfach nur, um zusammen einen Schnaps zu trinken.

Wenn sich der Winter ankündigt, stellen die 6 Schildkröten, die ganzjährig im Garten leben, das Fressen ein, entleeren ihren Darm und graben sich in in ihrem Gehege unter dem Häuschen ein. Dann überzeugt sich Đuro, dass seine Schützlinge sicher und geborgen in der Erde liegen, und die Winterruhe im Garten kann beginnen.

Die **Schildkröten**, zwischen 8 und 30 Jahren alt, leben ganzjährig im Garten. Im Winter graben sie sich unter ihrem Haus ein und Djuro legt zu ihrem Schutz einen Stein vor den Eingang. Ab März wird immer wieder nachgesehen ob sie wieder wach sind.

Duros Kräuterbutter

Zubereitung:
Currykraut, Rosmarin, Salbei, Schnittlauch und Knoblauchgras sehr klein schneiden und mit der Butter vermischen.

Die **Nashi-Birne** schmeckt nach einer Mischung aus Apfel und Birne. Mit ihrem hohen Vitamin C Gehalt und ihrem süß-säuerlichen Aroma ist sie für Süßes und auch Herzhaftes gut geeignet.

Der Garten mit Klingel:
Wer sie betätigt, hat etwas zum
Teilen mit dem Nachbarn.
Oder möchte einfach nur zusammen
einen Schnaps trinken.

Aus der gemeinsamen Manufaktur:
Kirschlikör, Holunderlikör, Holunder-
blüten-Orangen-Gelee und
Holundersirup.

Dianas Holunder-blüten-sirup

Zutaten:
20 - 30 Holunderblüten
3 L Wasser
2 kg Zucker
3 unbehandelte Zitronen
60 g Zitronensäure

Zubereitung:
Die Blüten ausschütteln. Wasser mit Zucker und Zitronensäure aufkochen. In der Zwischenzeit die Zitronen in Scheiben schneiden. Blüten und Zitronenscheiben in ein großes Gefäß schichten, mit der heißen Mischung übergießen. Das Behältnis dicht verschließen und den Sirup für 3 Tage ziehen lassen. Zwischendurch schütteln oder umrühren. Danach durch ein Sieb in einen Topf geben und die Flüssigkeit noch einmal aufkochen. Den noch heißen Sirup in Flaschen füllen und sofort verschließen.

Duros Kirschlikör

Zutaten:
1 kg Kirschen, nicht entsteint
3 L Wodka oder Korn
500 g weißer Kandis
nach Geschmack Nelke, Muskat, Zimt

Zubereitung:
In ein entsprechend großes Gefäß füllen, verschließen und alle 2 - 3 Tage umrühren. Mindestens 6 Wochen durchziehen lassen, dann abseihen und in Flaschen füllen.

Peka-Eintopf nach Đuros Art

Zutaten:

2 kg Fleisch oder Fisch nach Wunsch
2 kg Kartoffeln
3 Zwiebeln
4 Zehen Knoblauch
3 große Paprika
3 Tomaten
300 g Pilze
Salz, Pfeffer, süßes Paprikapulver und das kroatische Gewürz „Vegeta" (in Supermärkten erhältlich)

Zubereitung:

Fleisch/Fisch grob würfeln und für einen Tag in Öl einlegen. Gemüse schälen bzw. Paprika halbieren und von Kernen befreien, ebenfalls grob würfeln. Alles in den Pekatopf geben, Gewürze hinzu und mit 0,25 L Wasser schmoren. Nach etwa 1,5 Stunden das Fleisch auf das Gemüse schichten, damit es Hitze von oben bekommt und knusprig wird. Ca. 0,25 L Weißwein hinzufügen und eine weitere Stunde schmoren lassen.

Die 3-2-1-Regel von Đuro:
3 Stunden räuchern, 2 Stunden garen und 1 Stunde grillen.

Es muss nicht immer Fleisch sein – auch Gemüse oder Fisch lassen sich auf leckere Weise im **Peka-Topf** zubereiten. Das Kochen mit dem Peka-Topf ist übrigens kein Hexenwerk und eignet sich auch für Kochanfänger. Das einzige, was man mitbringen muss, ist Zeit und Geduld.

Der Peka-Topf sorgt für Grillgut, das außen knusprig und innen zart ist.

„Wenn ich hinten mit Unkraut jäten fertig bin, **könnte ich vorne schon wieder anfangen!**

Wenn Teresa in ihrem Garten werkelt, vergisst sie oft die Zeit. Ihre Nachbarn schätzen sie wegen ihrer Großzügigkeit, mit der sie Früchte und Saaten verschenkt.

Wrocław / Breslau
Polen

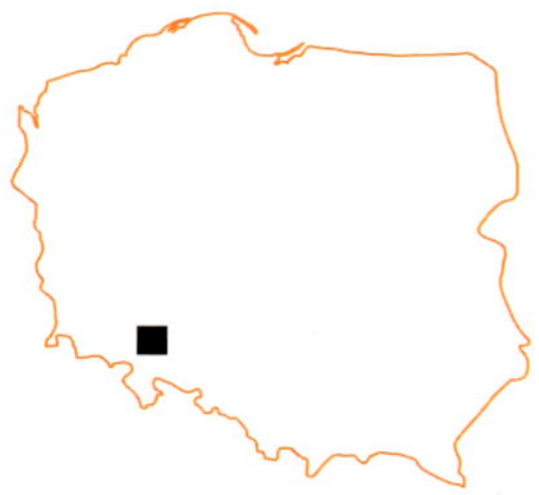

Teresa mit dem grünen Daumen

Das Leben hat wenig Schlimmes für Teresa ausgelassen: häusliche Gewalt, Alkoholismus, Scheidung, Verleumdung, Rassismus. Wenn sie erzählt, nimmt sie kein Blatt vor den Mund. Doch Teresa hat nie aufgegeben und für ihr Glück gekämpft. Das Glück - das ist ihr Lebenspartner Hans-Jürgen, ihr Haus in Deutschland, das sie mit ihm hoffentlich noch in diesem Jahr beziehen wird, ihre Enkel und Urenkel, und natürlich ihr Garten im Mannheimer Sandgewann. Da ist sie die Königin der Gurken und Tomaten.

Teresa erzählt: „Ich bin in einem Dorf in Niederschlesien bei Breslau aufgewachsen. Wir hatten einen 20 Hektar großen Bauernhof und waren zehn Kinder. Alle, die an unserem Garten vorbeikamen, haben die Hälse gereckt, weil er so voller Blumen war. Meine Mutter hatte einen grünen Daumen - alles, was sie in die Erde steckte, ging an." Das ist bei Teresa nicht anders. Besonders für Tomaten hat sie ein Händchen. „Gurken sind easy, aber Tomaten haben Ansprüche", sagt Hans-Jürgen anerkennend. Im vergangenen Jahr haben sie experimentiert: Ein Erdloch gegraben und die schon vorgezogenen Pflänzchen in kleinen Töpfen eingesetzt. Das war im März. „Sie waren dort frostsicher, und weil sie so langsam gewachsen sind, sehr kräftig", berichtet Teresa. „Alles in allem hatten wir in jenem Jahr an die 60 Pflanzen, Tomaten in allen Formen und Farben, und haben sie reihum in der Gartenanlage verschenkt." Im Sommer wird dieses Erdloch übrigens als Kühlschrank genutzt. Die beiden verwerten überhaupt alles - Brotreste werden zu Dünger; Trockenholz zu Holzkohle. Es läuft also.

Das war nicht immer so. Teresa heiratete mit 18. „‚Wer mit 20 noch nicht unter der Haube war, mit dem stimmte was nicht', haben die Leute damals gesagt", erinnert sie sich. Ein Jahr später kamen die Zwillinge, und sie durchlebte schwere Zeiten mit ihrem Mann, einem Alkoholiker. Sie konzentrierte sich auf ihre Töchter und ihre Arbeit: Teresa machte Karriere im Bunzlauer Keramikwerk und arbeitete sich in eine Führungsposition hoch. Mitte der 80er Jahre - es war die Zeit des Kriegsrechts in Polen - gingen zuerst der Mann, dann sie und die Töchter nach Deutschland. Im Auffanglager Friedland erhielt sie einen Vertriebenenausweis. Schon damals wollte sie sich trennen, aber sie musste ihrem Mann nach Zweibrücken folgen, der sich dort bei Freunden niedergelassen hatte. Sie schaffte es, die Scheidung einzureichen, lernte einen Togolesen kennen und wurde prompt schwanger. Mit 39. Durch ihre Kontakte nach Bunzlau gelang es ihr, ein deutschlandweites Vertriebsnetz für die Keramik auszubauen. Das bunte Geschirr war besonders bei den Amerikanern in den Kasernen begehrt.

Wirtschaftlich stimmte es, aber ihr Sohn Gabriel war aufgrund seiner Hautfarbe massiver Diskriminierung in der Grundschule ausgesetzt. Auch die Lehrerin wusste nicht weiter und riet Teresa, aus der Westpfalz wegzuziehen. In Mannheim fand sie eine Wohnung, doch die Schwierigkeiten hörten nicht auf. Obwohl ein guter Schüler, wechselte Gabriel auch hier die Schule, machte eine Lehre, verlor bei der Arbeit den linken Arm und durfte daher umschulen. Heute studiert er Mediendesign und ist selbst Vater. Teresa, mit 69 inzwischen Rentnerin, spricht schnell, und oft rutscht ihr das polnische „ale" für „aber" heraus. Und so manch kerniger Fluch ...

„Als ich mal auf Besuch in Polen war, habe ich 6 Gläser eingelegte Gurken gegessen. Und hatte dann Bauchweh - ale wie!", sagt sie lachend. In Salz eingelegte Gurken hat sie auch in Deutschland immer zuhause; die Zutaten kommen natürlich aus dem Garten. Ihren Hans-Jürgen hat sie vor vier Jahren beim Tanzen kennen gelernt. Und als ehemaliger Amateurtänzer hat er überzeugend geführt. Auch, wenn sie mit dem Ausbau des gemeinsamen Hauses in Heßheim bei Frankenthal, dem Garten, 6 Enkeln und einem Urenkel noch genug um die Ohren hat - allem Anschein nach führt sie Hans-Jürgen auch in ein friedlicheres Leben. Zu wünschen ist es ihr.

Pierogi ruskie

Zubereitung:
Aus 500 g Mehl, 1 Ei und 1 Tasse Wasser einen glatten Teig herstellen. Für die Füllung 500 g Kartoffeln abkochen, schälen, zerdrücken, abkühlen lassen. Derweilen 1 Zwiebel in Butter glasig dünsten und 1 Handvoll Dill sowie 200 g Frischkäse untermengen. Pfeffer und Salz nach Geschmack hinzufügen. Teig ausrollen. Mit einem Glas (etwa 8 cm Durchmesser) Kreise ausstechen, 1 TL Füllung in die Mitte geben, umklappen, mit einer Gabel den Rand festdrücken. In kochendes Salzwasser geben; wenn die Pierogi nach 2 - 3 Minuten auftauchen, sind sie fertig.

Entweder gleich mit zerlassener Butter genießen oder in der Pfanne beidseits anbraten und mit gerösteten Zwiebeln in Butter schwenken.

Die **Tay-Beere** ist eine Kreuzung zwischen Himbeere und Brombeere. Sie wurde erstmals in den 1960er Jahren in Schottland gezüchtet und zeichnet sich durch ihre Robustheit gegen Schädlinge und Kälte aus. Es gibt auch Sorten ohne Dornen.

Unser Garten war der Schönste im ganzen Dorf - wir hatten nicht nur Gemüse, sondern auch so viele Blumen!

Vorgezogene **Tomaten** können schon im März in ein Erdloch unter Folie gesetzt werden. Dort wachsen sie, vor Frost geschützt, langsam und kräftig heran. Mit Wasser verdünnte Milch auf blühende Tomaten sprühen. Das lockt die Bienen zur Bestäubung an, beugt aber auch der gefürchteten Krautfäule vor.

Salzgurken à la Teresa

Zubereitung:
3-4 Landgurken oder mehrere Minigurken in einem Einmach- oder Schraubglas mit kochendem Wasser übergießen. Hinzu kommen 2-3 Knoblauchzehen, 1 gehäufter EL Salz, frischer Dill, 1 Walnussblatt und 1 Meerrettichblatt. Glas schließen und 2-3 Wochen ziehen lassen. Smacznego - guten Appetit!

Wenn mir irgendwo eine Tomate gut schmeckt, nehme ich die Kerne mit und trockne sie. Mit etwas Glück, wenn die Pflanze sortenrein war, erhalte ich die gleichen Tomaten.

*Holzkohle zu kaufen spare ich mir.
Ich nehme das Holz von den Bäumen
und der Thujahecke, die ich eh schneiden muss.
Es dauert zwar ein bisschen länger,
bis Glut entsteht, dafür riecht es gut
und kostet nichts.*

Teresas Gesundheitstee

Zubereitung:
5 trockene Lorbeerblätter mit 5 Gewürznelken (wahlweise Zimt) mit einem Liter Wasser aufkochen, ziehen lassen, abseihen und abgekühlt nach Geschmack mit Honig süßen.

„Ich werde nicht krank, schlafe wie ein Baby, es räumt meine Lunge auf, und mit der Verdauung klappt es auch."

Kniehohe **Heidelbeeren** erleichtern das Pflücken. Da sie kargen und sauren Boden lieben, fühlen sie sich in der Nachbarschaft von Nadelhölzern wohl. Alternativ kann man den Boden auch mit Kaffeesatz ansäuern. Der pH-Wert des Bodens lässt sich einfach mit einem Testkit aus dem Gartenmarkt bestimmen.

„**Übriggebliebenes Brot** weichen wir ein paar Tage in einem Eimer ein, verdünnen den Saft mit Wasser und gießen damit unser Gemüse. Das ist ein immer verfügbarer, kostengünstiger und hervorragender Dünger. Das Brot darf dann auf den Kompost."

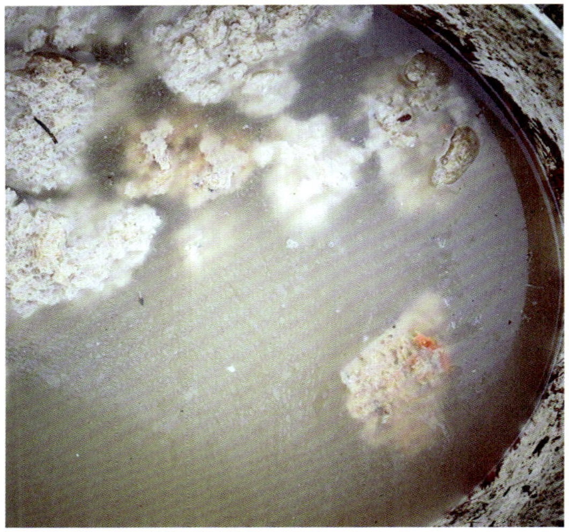

„Kinder, was ihr
im Kopf habt,
kann euch
keiner nehmen.

Sari – eigentlich Sarguna (das bedeutet „grünes Gold") und Yahya sind seit 43 Jahren ein Liebespaar. Die grünen Oberteile waren nicht abgesprochen.

Kabul
Afghanistan

Yahya, der Wiedergeborene

Afghanistan trifft Deutschland: Auf den Perserteppich und die Kissenlandschaft blickt das Relikt des Vorpächters, ein hölzerner Hirsch, gekrönt von Eichenlaub über gekreuzten Gewehrläufen, herab. Das Plastikdach über dem Schuppen bricht beinahe unter Kästen mit Blumen, vorwiegend Geranien, die kaskadenartig über das Dach hängen und in allen Farben leuchten, zusammen. Der Garten von Sari (61) und Yahya (63) ist Sinnbild für die Symbiose aus afghanischer Lebens- und deutscher Gartenkultur. Im Jahr 2004 legte sich das Ehepaar den Pachtgarten zu. Dort verbrachten Sari und Yahya jede freie Minute; als die Söhne älter wurden, feierten sie dort Partys mit ihren Freunden. Noch heute kehren sie regelmäßig im Garten ein und helfen ihren Eltern.

„Mein Vater hat zu uns Kindern gesagt: ‚Besitz ist vergänglich. Ein Erdbeben, eine Überschwemmung oder ein Dieb – und alles ist weg. Was ihr jedoch im Kopf habt, kann euch nichts und niemand nehmen'", erzählt Sari. Um seinen sechs Kindern beste Ausbildungschancen zu geben, zog Saris Vater mit seiner Familie aus Masar-e Scharif im Norden Afghanistans in die Hauptstadt Kabul. Dort studierten alle drei Mädchen – Sari wurde Biologielehrerin – und auch die Brüder schlugen anspruchsvolle Laufbahnen ein. In Kabul lernten sich Sari und Yahya, der bei der Polizei in gehobener Position arbeitete, kennen, verliebten sich und heirateten. Yahya ist der Name eines Propheten. „Doch was interessiert mich ein Prophet? Ich liebe dich!", ruft Sari ihrem Mann durch den Garten zu. Sari liebt Menschen; sie umarmt und versorgt ihre Gäste mit Bolani und persischen Trockenfrüchten, als wären sie ihre Kinder. Yahya erklärt seinen Glauben: „Ich komme zwar aus einem moslemischen Land. Aber es spielt für mich keine Rolle, wie eine Religion ihre Gottheit nennt. Für mich ist Gott eine Energie, die alles im Griff hat. Die interessiert nicht, ob ich am Abend ein Bier trinke!" Für gebildete Menschen mit einer solch freien Geisteshaltung wurde das Leben in Afghanistan zunehmend gefährlich.1993 entschloss sich die Familie zur Flucht.

„Wir sind mit Schleppern nach Deutschland gekommen. Ohne ein Wort Deutsch und mit unseren drei kleinen Söhnen. Wir waren eingesperrt, durften nichts sehen, hören oder Fragen stellen. An der Grenze wurden wir wie Tiere ausgesetzt und mussten sehen, wie wir zurecht kamen", erinnert sich Yahya. In Mannheim schloss eine pensionierte Kindergärtnerin die Familie ins Herz und nahm sie unter ihre Fittiche. Sie erteilte ihnen Deutschunterricht, begleitete sie zu Behörden, ging mit ihnen einkaufen und lud sie zu sich ein. „Sie war unser Engel", sagt Yahya, „und hat uns den Weg bereitet." Und die Familie ging ihren Weg – zwei der Söhne studieren noch; der Älteste arbeitet bei der KfW-Bank. „Heimkehren und unserem Land zurückgeben, was es uns an Ausbildung ermöglicht hat, können wir nicht mehr. Dafür geben unsere Kinder jetzt etwas zurück an Deutschland", sagt Sari.

Gott ist eine große Kraft, eine Energie, die alles regelt und im Griff hat.

2013 kam das Drama. Yahya erlitt einen schweren Herzinfarkt. Für sieben Minuten stand sein Herz still, und sieben Tage lag er im Koma. Er wurde wieder gesund, wobei sein Arzt von einer „Wiedergeburt" sprach. Zurück blieben Depressionen. Sein psychologischer Betreuer riet ihm zu einer tiergestützten Therapie. Da erinnerte sich Yahya an die Tauben seines Vaters. Diese glückliche Kindheitserinnerung – das Gurren, der Flügelschlag, die schönen, großen, in allen Farben gescheckten Tiere – half Yahya, sein seelisches Tief zu überwinden. Er besorgte sich afghanische Tauben und nennt inzwischen an die 50 Tiere sein eigen. Sie leben in einer Voliere bei einem Kleintierzüchterverein. „Ich würde niemals eine Taube verkaufen", betont er. Er verschenkt sie lieber in gute Hände. Manchmal lässt er sie auch frei. Sie kommen zurück, denn sie wissen, wo es ihnen gut geht. Täglich mehrere Stunden ist Yahya in seinem Taubenschlag, mistet, tränkt, füttert und beobachtet seine Schützlinge. „Er hat in seinem Kühlschrank mehr Vitamine für die Tiere als für uns", sagt Sari belustigt. Außerdem hält er afghanische Kampfhühner, eine stattliche Rasse, die bis zu 5 Kilo schwer werden kann. Kämpfen müssen sie natürlich nicht. Vögel sind nun mal Yahyas große Liebe. Außer Sari natürlich.

Wenn die **Auberginen** wachsen und herunterhängen, legen wir einen Stein darunter, damit sie keinen Bodenkontakt haben. Das verhindert ein Faulen auf der feuchten Erde, und gefräßige Tiere haben es schwerer.

Unserem Land können wir nichts mehr zurückgeben. Dafür geben wir etwas an Deutschland zurück.

Bolani, das afghanische Nationalgericht

Zutaten (für etwa 20 Bolani):

Für den Teig:

500 g Mehl, 400 ml lauwarmes Wasser, 1 Packung Trockenhefe oder etwas frische Hefe, 1 EL Salz

Für die Füllung:

2 Stangen Lauch, 1 Bund Frühlingszwiebeln, 150 ml Speiseöl, 1 EL Salz, nach Belieben etwas Chilipulver, 2 EL Pfeffer, 1 Zehe Knoblauch

Zubereitung:

Lauch und Frühlingszwiebeln putzen und feinhacken. Zur Vorbereitung des Teigs die Trockenhefe in einem Glas Wasser auflösen. Etwas stehen lassen, nach und nach die restlichen Zutaten hinzu und verkneten.
Teig mit Geschirrtuch abdecken und ca. 20 Minuten ruhen lassen. Arbeitsfläche mit etwas Mehl bestreuen, 20 gleich große Kugeln formen und mit einem Nudelholz zu einem Kreis ausrollen. Die Teigfladen sollten etwa einen halben Zentimeter dick sein.

Die Lauchfüllung mit dem Speiseöl vermengen und zur Hälfte auf den Teigfladen verteilen. Dabei etwas Rand lassen. Nun zuklappen und die Ränder andrücken, ggf. mit etwas Wasser verkleben. Die Bolani von beiden Seiten in der Pfanne mit ein wenig Öl anbraten.

Dazu wird traditionell Joghurt und/oder ein Chutney aus Koriander, Knoblauch, Chili und Apfelessig gereicht.

Rhabarber ist ein Gemüse, kein Obst. Obwohl man ihn aus deutschen Gärten kennt, ist er ein Exot und stammt aus dem Himalaya. Er ist anspruchslos zu kultivieren, braucht aber viel Wasser. Weil in Rhabarber Pektin steckt, unterstützt er die Verdauung und das Wachstum gesunder Darmbakterien. Rhabarber lässt zudem die Mundschleimhäute, sogar Lippenherpes, schneller heilen.

„Jetzt haben wir
Öl im Irak,
**aber unsere Kinder
haben keine Milch.**

Für Massoud und Seran stimmt alles in ihrem neuen Leben im Deutschland: Die Gesetze geben Sicherheit und Frieden, die Kinder erhalten eine Ausbildung, und im Garten wird gegessen und gefeiert wie in der Heimat.

Amadija / Dhohuk
Irak

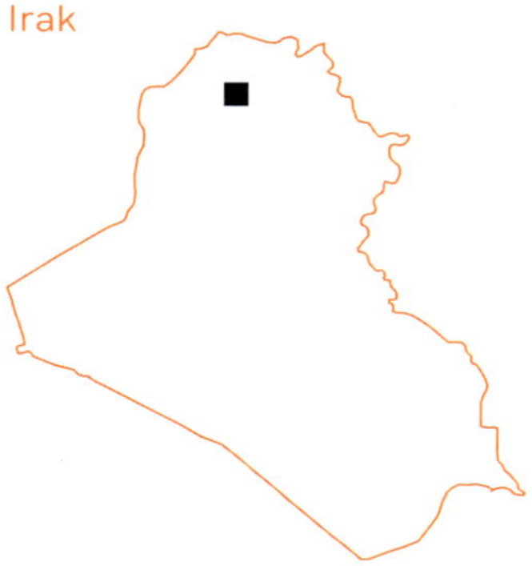

Ein großes Gartenfest immer im September

„Schauen Sie, wie schön es ist, wie die Tomate in den Wein wächst und die Sonne durch die Blätter scheint!“ Massoud erkennt die Schönheit seines Gartens in vielen kleinen Dingen. Für diese Schönheit, aber auch die Fülle an Essbarem hat er hart gearbeitet: „Als wir den Garten 2018 übernommen haben, war der gesamte Boden abgesenkt. Alles schief.“ Massoud schüttete tonnenweise Erde auf und ebnete den Boden sowohl auf der rechten Seite zum Sitzen und Genießen, als auch auf der linken Hälfte, wo er mit seiner Frau Seran Beete anlegte. Außerdem pflegte und schnitt er die uralten Obstbäume, pflanzte zwei Walnüsse, baute im Mittelgang eine Pergola und zog daran Wein aus türkischen Stecklingen hoch. Als ein Gartenkollege Gehwegplatten übrig hatte, griff Massoud zu und verbreiterte den Gang zwischen den beiden Gartenhälften. „Alles alleine.“ sagt er stolz.

Seran (45) und Massoud (51) sind Kurden aus dem Nordirak. Seran kommt aus dem auf einem Hochplateau gelegenen Amadija, Massoud aus dem etwa 60 Kilometer entfernten Dhohuk nahe der Stadt Mossul. Beide studierten Ökonomie, aber an verschiedenen Universitäten. Kennen gelernt haben sie sich durch ihre Schwestern, die dieselbe Uni besuchten. Suggestiv fragte Massouds Schwester: „Ich habe eine Freundin, deren Schwester Seran heißt. Ob du sie mal kennen lernen willst?“ Massoud wollte, und die beiden verliebten sich. Auch Serans Familie war mit der Verbindung einverstanden. „Bei uns hat die gesamte Familie ein Wort mitzureden, wenn zwei Menschen heiraten wollen“, erklärt Seran.

Das alles passierte während Massouds Urlaub, denn er war schon 1996 ausgewandert. Für Kurden war es unter der Diktatur von Saddam Hussein besonders gefährlich, im Irak zu leben. Ganz zu schweigen von den Kriegen und dem Anschlussregime der Al-Qaida, das den Kurden das Leben vollends unmöglich machte. Massoud arbeitete nach Anerkennung seines Asylantrags und der Arbeitserlaubnis als Staplerfahrer in Mannheim, auch heute noch. Seran wartete unterdessen im damals noch sicheren Syrien auf die Familienzusammenführung, die sich bis 2002 hinzog.

Im Garten gibt es eine Feuerstelle, von Massoud gemauert, an der sowohl gegrillt als auch Teig gebacken und gekocht werden kann. Geht der Tee aus, stellt Seran die Kanne mit den losen Teeblättern auf den Rost. Im Handumdrehen kocht das Wasser, danach werden die Blätter über ein Sieb abgefangen. Hinter der Feuerstelle führen Sandsteinstufen auf zwei Terrassen. Dort genießt die Familie die Strahlen der Herbstsonne, die auch noch den Tomaten zur Reife verhelfen, und kann den Blick über die Kräuterbeete schweifen lassen. Darin wachsen Sauerampfer, Kresse, Knoblauch, dunkles Basilikum, irakische Rauke mit großen zarten Blättern und weißen Blüten, Minze und Glattpetersilie. Und irakischer Knoblauch. „Wir hatten so viele Samen, jetzt haben wir viele Pflanzen“, sagt Seran und erklärt: „Wir trocknen ihn für den Winter, und oft machen wir ein schnelles, gesundes Essen daraus: Einfach auf einen dünnen Fladenteig Käse und die kleingeschnittene Pflanze legen und backen. Sehr lecker! Unsere Kinder lieben es. Mit Fastfood kann man sie nicht locken – sie ziehen das Essen aus der Heimat vor. Und das haben wir uns mitgebracht!“ Die drei Jungen besuchen die Realschule bzw. das Gymnasium; die Jüngste geht noch in die Grundschule. Sie sind alle in Deutschland geboren.

„Alles passt jetzt“ resümiert Massoud. „Wir haben Kinder, einen Garten, leben in einem Land, in dem es Gesetze und dadurch Sicherheit gibt.“ Mannheim ist ihm sehr ans Herz gewachsen: „Ich habe Freunde in Münster, Berlin, Stuttgart und Frankfurt besucht. Aber es hat mir nirgends so gut gefallen wir hier.“ Massoud verrät auch, warum: „Mannheim und Heidelberg sind wie meine Heimat Mossul und Dhohuk: Flach, im Hintergrund Berge, und es gibt zwei Flüsse, die sich vereinigen!“

Und was hat es mit dem Fest im September auf sich? „Meine Frau und ich haben Mitte September, zwei unserer Söhne eine Woche später Geburtstag“, verrät Massoud. „Und das feiern wir dann mit einem großen Familienfest!“ Natürlich im Garten.

Wenn man ein neues Leben anfängt, muss man akzeptieren, dass es schwer wird.

Massoud hat eine Feuerstelle gemauert, an der sowohl gegrillt als auch Teig gebacken und Speisen gekocht werden können. Hier kocht gerade ihr geliebter **schwarzer Ahmad-Tee**. Er zählt zu den besten Tees der Welt.

Im Unterschied zu Knollen- oder Staudensellerie wächst der **irakische Sellerie** wie Petersilie und lässt sich ebenso ernten - durch Abschneiden.

In Serans und Massouds Garten wachsen viele Kräuter aus ihrer Heimat, zum Beispiel **irakischer Knoblauch**. Er sieht ein bisschen wie Frühlingszwiebeln aus, sei aber milder im Geschmack.

Ein Teil davon wird für den Winter getrocknet, und er findet in vielen Speisen Verwendung. Serans und Massouds Kinder lieben ihn mit Käse gebacken auf Fladenbrot.

Reis mit Augenbohnen (kurdisch: Banja Lupik)

Zubereitung:
1 Glas Basmatireis in Wasser 1 Stunde einweichen, Wasser abschütten.
1 halbes Glas Augenbohnen 10 - 15 Minuten kochen, anschließend in einer Pfanne mit Öl 2 Minuten schwenken.
Den Reis hinzugeben und mit anschwitzen. Salz, Kurkuma, 1 EL gekörnte Gemüsebrühe dazu, mit 1 halben Glas Wasser 10 - 15 Minuten köcheln. Dann noch mehr Hitze wegnehmen und weiter köcheln, bis es weich ist.

Die Blätter der **Malve** werden mit Zwiebeln und Ei gebraten und sind laut Seran sehr gesund. Auch im Deutschen besagt ein Sprichwort: „Malve im Gemüsegarten lässt den Doktor draußen warten."

Khibezeh ist ein vegane und einfache Vorspeise aus Syrien und den Libanon. Bestehend aus Malvenblättern, Zwiebel und Zitrone wird es mit arabischem Fladenbrot gegessen.

Wir haben unser Essen aus der Heimat mitgebracht.

Kartoffeln mit Hähnchenbrust

Zubereitung:
2 Zwiebeln und 4 Kartoffeln schälen, 0,5 kg Hähnchenbrust, alles schneiden. Die Hähnchenstücke 10 Minuten auf kleiner Flamme in einer Pfanne trocknen, dann 2 EL Öl, die Kartoffeln und Zwiebeln mit Kurkuma und Salz dazu und mit Deckel 20 Minuten köcheln.
Als Beilage eignet sich ein Gurkenjoghurt: Joghurt, geraspelte Gurke, klein geschnittene Minze und Dill sowie ein bisschen Olivenöl und Salz mischen.

Portulak gibt es überall im Garten. Ein Teil davon wird gegessen, aber wenn er zwischen den Gehwegplatten wächst, ist Massoud genervt.

Dabei ist Portulak ein wertvoller Vitaminlieferant und enthält entzündungshemmende Omega-3-Fettsäuren. Da er nicht nur säuerlich, sondern auch leicht salzig schmeckt, unterstützt er eine salzarme Ernährung. Und mit Parmesan geht Portulak überbacken eine geschmacksintensive Liaison ein.

Karamellisierter Birnenkuchen

Zubereitung:

Aus 200 g Mehl, 1 Ei, 75 g Butter und 1 TL Backpulver einen Mürbteig kneten. 3 - 4 Birnen mit 50 g Zucker und etwas Zimt kurz weichkochen. Drei Viertel des Teigs dünn ausrollen. Das restliche Viertel mit etwas Mehl zu Streuseln krümeln. Die Birnen auf die Teigplatte legen, Streusel darüber und bei 180 Grad ca. 40 Minuten backen. Auf die Streusel gezuckerte Kondensmilch geben und noch 5 Minuten karamellisieren lassen.

Kauf einen Garten,
verwahrlost und billig –
**du gestaltest ihn eh,
wie du willst.**

Kay, Henk und ihr Enkelkind, die Tochter ihrer gemeinsamen Tochter. Während Lia fließend Deutsch, Thai und Englisch spricht, haben Kay und Henk ihren eigenen Code aus Thai, Englisch und Niederländisch.

Der Pflanzenerzieher

Im Garten der Thailänderin Kay und des Niederländers Henk herrscht strikte Arbeitsteilung: Kay ist die Herrin über etwa 400 Chilipflanzen, die asiatischen Kräuter, Salat, Brokkoli und Blumenkohl. Bedächtig schneidet sie mit ihren Freundinnen, darunter Wan aus Laos, erntereife Chilis ab und verstaut sie in Plastiktüten. „Ein Stück des Stängels muss mit abgeschnitten werden, dann sind die Chilis länger haltbar", erklärt Kay (79) auf Englisch. Dazwischen wuselt Malteserpudel „Sunny". „Es lässt ihm keine Ruhe, wenn im Garten gearbeitet wird", kommentiert Henk.
„Wir haben keinen typischen holländischen Garten" sagt er. „Das wäre Gemüse, Gemüse, Gemüse!" So wachsen hier auf 500 Quadratmetern holländische Pfingstrosen mit handgroßen Blüten, Pfeifenstrauch, verschiedene Stauden, Hibiskus – „Weniger als früher. Die meisten Hibiskus in den umliegenden Gärten sind von mir" – und Forsythie. Allerdings nicht wie üblich als Strauch, sondern auf Stamm gezogen. „Das ist ein bisschen Erziehungsarbeit", schmunzelt Henk. „Ich habe immer wieder Seitentriebe und Antriebe entfernt und sie in Form geschnitten." Henk herrscht also über alles, was blüht. Auf den ersten Blick sieht es nach peinlicher Ordnung aus, doch wer genauer hinschaut, erkennt die Mischkultur, die auch Wildpflanzen und Tieren Raum lässt. „Wenn's schön ist, darf es wachsen", so Henks Gartenphilosophie. Von den Geranien am Gartenhaus wird er sich trennen und etwas pflanzen, was den Bienen Nahrung gibt. An den steinernen Einfassungen tummeln sich Eidechsen, und die dichte Bepflanzung gibt auch Igeln Unterschlupf.
Henk ist ein straighter Typ. Geboren in Schoonebeek an der deutschen Grenze, zog es ihn vor 46 Jahren nach Deutschland. „Rauskommen, was sehen", war seine Devise. Folgerichtig arbeitete er in der Fern- und Auslandsmontage in ganz Deutschland und vielen europäischen Ländern. „Wenn ich überlege, wie oft ich während meines Arbeitslebens im eigenen Bett geschlafen habe, käme ich auf fünf Jahre Ehe", sagt er. Tatsächlich währt die Ehe mit Kay nun schon fast 40 Jahre. Kennen gelernt haben sich Henk und Kay aus dem thailändischen Kalasin in Viernheim, wo Kay zu Besuch war. Beide waren geschieden; während Henks Ehe kinderlos geblieben war, hatte Kay vier Kinder. Am Ende ihres Aufenthalts flog sie nach Thailand, er folgte bald darauf, und sie heirateten.
„Das hat niemanden überrascht", sagt Henk. „Ich bin kein Freund von langem Hin-und-Her, und Asiatisches ist in meinem Heimatland sowieso fest verankert."

Das Gespräch mit Henk ist auch ein Exkurs in die holländische Kolonialgeschichte. „Bei uns leben viele Indonesier, hauptsächlich Molukker, die im indonesischen Unabhängigkeitskrieg auf holländischer Seite gekämpft haben", erklärt er. Er sei mit Asiaten aufgewachsen und habe selbst eine indonesische Tante. „Die hat uns Kindern, wenn wir erkältet waren, Toastbrot mit Sambal Oelek geschmiert. Das hat geholfen!", erinnert er sich. „Und ich – sieht so etwa ein Holländer aus?!" Wenn man genau hinsieht, dann sind Henks blaue Augen tatsächlich etwas schmaler, seine Nase ein bisschen breiter.

1986, die Jungvermählten lebten damals im Mannheimer Stadtteil Käfertal, machten sie einen Spaziergang durch die Gartenanlage am Aubuckel. „Die Musik und die Feste haben mir gut gefallen", sagt Kay. Der Niederländer sah es pragmatisch: „Günstiger als Camping, an der frischen Luft und vor der Haustür." Ein Jahr später, als die gemeinsame Tochter zur Welt kam, erhielten sie eine Parzelle und begannen, sich häuslich einzurichten. Henk war auch kurzzeitig im Vorstand. Weil er die politischen Zustände in seinem Land kannte – die Molukker wurden in Ghettos abgeschoben – setzte er sich für ein Miteinander aller Ethnien in der Anlage ein. Das ist ihm gelungen; ringsum leben Deutsche, Bosnier, Asiaten, Türken und Russen in trauter Eintracht.

Und Anfang der 2000er Jahre diente der niederländisch-thailändische Garten sogar als Tempel. „Bis zu 60 Besucher und ein Mönch waren da, um die Rituale durchzuführen", berichtet Kay. Inzwischen gibt es einen Tempel in Ludwigshafen, und es ist Ruhe eingekehrt, die das Ehepaar unter dem ausladenden Kirschbaum genießt. Wenn nicht die Enkeltochter mit ihren Freundinnen und „Sunny" im Garten herumtollen.

Guay Tiew – scharfe Nudelsuppe

Zutaten:
Brühe: *150 g Lauch, 150 g Karotten, 150 g Zwiebeln, 150 g Knollensellerie, 500 g Beinscheibe.* **Gewürze:** *etwa 10 schwarze Pfefferkörner, 2 - 3 Sternanis, Salz, 2 EL süße Sojasoße, 2 EL dunkle Sojasoße, 6 - 8 Korianderwurzeln, 2 - 3 Knoblauchzehen.*
Kräuter: *Selleriegrün, Koriander, 200 g Wasserspinat*

Zubereitung:
Damit die Suppe gut durchzieht, bereits am Vortag das Gemüse für die Brühe schälen, kleinschneiden und in etwa 2,5 L Wasser kochen. Die Beinscheibe hinzufügen und 2 Stunden köcheln, bis das Fleisch von den Knochen fällt. Die Gewürze hinzugeben.
Am nächsten Tag erwärmen, währenddessen den Wasserspinat kurz anbraten und mit den Kräutern hinzufügen. Knoblauch fein zerdrücken, in Öl rösten und darüber streuen.
Als Einlage passen breite Reisnudeln sehr gut.

Ein grüner **Rasen** trotz Hitzesommers. Henks Erfolgsrezept: Er hält ihn gut 5 Zentimeter lang und wässert ihn nur wenige Male, dafür aber stundenlang. Dadurch kann das Wasser zu den Wurzeln gelangen, wo es gebraucht wird. Ein weniger häufiges Gießen veranlasst überhaupt alle mehrjährigen Pflanzen, ordentlich Wurzeln auszubilden.

Junger Koriander im Strohbeet. Das hält ihn den Winter über warm und lässt ihn im Frühjahr umso kräftiger austreiben.

> Das Häutchen um die Kerne macht die Schärfe der Chili aus.

Die **„Five-Colours-Chili“** trägt Früchte von blassgelb bis knallrot.
Alle schmecken sie unterschiedlich.

Was macht man mit so vielen Chilis?
In der Thaiküche verwenden, klar.
Aber Freundinnen und Freundinnen von Freundinnen nehmen ihn auch gerne ab.

Stamppot – ein Kartoffel-Sauerkraut-Eintopf aus Henks Heimat

Zutaten:
1 kg mehlig kochende Kartoffeln,
1 500 g Dose Sauerkraut,
1 - 2 geräucherte Rindswürste,
10 - 15 schwarze Pfefferkörner,
Salz und 1 Schuss Essig

Zubereitung:
Den Speck würfeln und anbraten. Das Fett nicht wegwerfen! Kartoffeln schälen und kochen, Sauerkraut mit den Pfefferkörnern und der angestochenen Rindswurst getrennt davon ebenfalls kochen. Salz und Essig hinzufügen. Aus den Kartoffeln ein trockenes Püree stampfen, Wurst kleinschneiden, alles miteinander vermengen. Mit etwas Fett vom Speck oder dunkler Soße servieren.

„Nicht die dicksten Stängel am **Bambus** sind die ältesten, sondern die blassesten“, weiß Henk. Die Heimat des Bambus ist China, doch er gedeiht auch problemlos an vielen Orten der Welt, ist immergrün und winterhart. Seit Jahrhunderten wird Bambusrohr als Werkstoff verwendet, zum Beispiel in der Architektur oder zur Herstellung von Gebrauchsgegenständen. Inzwischen ist der Bambus auch bei uns als nachhaltiges Material im Kommen – von der Zahnbürste bis zum Fahrrad ...

Unkraut hat hier gar keine Chance – dafür ist alles zu dicht gepflanzt.

Reibt man die filigranen Blätter der **Colapflanze**, riecht sie nach Cola. Der Geschmack der mit Wermut verwandten Pflanze ist allerdings eher bitter. Daher sollte man sie nur in kleinen Prisen verwenden, zum Beispiel, weil sie dem Magen hilft, in schweren Fleischgerichten. Hühnerfrikassee verleihen ein paar Blättchen einen frisch-zitronigen Geschmack.

Erfrischt an heißen Tagen: Limonade aus der Colapflanze

15 g Colakraut etwa eine halbe Stunde in kohlensäurehaltigem Mineralwasser ziehen lassen. Abseihen und mit 3 EL Kokosblütensirup und dem Saft von 1 Zitrone mischen.

Danke!

Die Veröffentlichung dieses Buches wäre ohne die Hilfe vieler Menschen nicht möglich gewesen.

Zunächst bedanke ich mich bei Euch Gärtnerinnen und Gärtnern, die Ihr mir Euer Vertrauen und Eure Offenheit geschenkt habt. Ich durfte so viel mehr als nur Eure Gärten kennenlernen!

Und ich danke Euch, liebe FreundInnen und BeraterInnen. Ihr wart in in dieser Zeit in jeder Phase für mich da. Ohne Eure unglaubliche Geduld und Begeisterung hätte ich das Ziel, als Self-Publisher ein eigenes Buch herauszugeben, nie erreichen können.

Auf ganz unterschiedliche Weise - in verschiedenen Entstehungsphasen - seid Ihr zu mir und meinem Projekt gestoßen:

Jörg Volz, Dennis Rohmer, Reinhard Jahn, Christian Sommer, Waltraud Schlepps, Gerhard Heckmann, Rainer Hettinger, Friedhelm Glauner, Eleonore Hefner, Ravi Unger, Wolfgang Roloff, Francois Haas, Alex Kubiak, Rainer Bender, Sibylle Hofmann, Michael Grether, Matthias Müller, Kurt Kaffenberger, Anja Daum, Stefan Ditsch, Carl-Heinrich Esser, Andreas Huben, Volker Kugel.

Ein besonderer Dank geht an Julia und Christoph Glatt, die sich in unruhigen Zeiten liebevoll um Lucy gekümmert haben!

Sabine Kress

pwc

Karin & Carl-Heinrich ESSER STIFTUNG

natürlich HUBEN

KRN KULTUR RHEIN NECKAR e.V.

STADTMANNHEIM² Kulturamt

STOBER MEDIEN

Impressum

Sabine Kress
Fratrelstraße 3
68167 Mannheim

E-Mail: sabine-kress@web.de
Web: www.sabinekress.de

Bestellung: www.sabinekress.de/angekommen

Konzept: Sabine Kress
Fotografie: Sabine Kress
Text: Kathrin Hentzschel
Gestaltung: Dennis Rohmer
Copy Editing: Friedhelm Glauner
Illustrationen: Vecteezy.com

Druck: Stober Medien GmbH
Industriestraße 12
76344 Eggenstein

ISBN 978-3-00-075549-1
E-Book ISBN 978-3-00-075550-7

Für Christian